本书系天津师范大学博士基金项目（项目编号：52WW1315）成果。

# 英国中世纪大学早期发展研究

王子悦◎著

中国社会科学出版社

图书在版编目（CIP）数据

英国中世纪大学早期发展研究／王子悦著．—北京：中国社会科学出版社，
2017.12

ISBN 978 - 7 - 5203 - 1393 - 3

Ⅰ.①英…　Ⅱ.①王…　Ⅲ.①高等教育—教育史—研究—英国—中世纪
Ⅳ.①G649.561.9

中国版本图书馆 CIP 数据核字 (2017) 第 273383 号

| | | |
|---|---|---|
| 出 版 人 | 赵剑英 |
| 责任编辑 | 马　明 |
| 责任校对 | 任晓晓 |
| 责任印制 | 王　超 |

| | | |
|---|---|---|
| 出　　版 | 中国社会科学出版社 |
| 社　　址 | 北京鼓楼西大街甲 158 号 |
| 邮　　编 | 100720 |
| 网　　址 | http://www.csspw.cn |
| 发 行 部 | 010 - 84083685 |
| 门 市 部 | 010 - 84029450 |
| 经　　销 | 新华书店及其他书店 |

| | | |
|---|---|---|
| 印　　刷 | 北京君升印刷有限公司 |
| 装　　订 | 廊坊市广阳区广增装订厂 |
| 版　　次 | 2017 年 12 月第 1 版 |
| 印　　次 | 2017 年 12 月第 1 次印刷 |

| | | |
|---|---|---|
| 开　　本 | 710×1000　1/16 |
| 印　　张 | 11.25 |
| 插　　页 | 2 |
| 字　　数 | 141 千字 |
| 定　　价 | 48.00 元 |

# 前　言

　　英国中世纪大学有着悠久的历史。产生于中世纪晚期的牛津大学和剑桥大学都是英国乃至世界最著名的大学，是世界一流大学的典范。虽然这两所大学在有些地方较为相似，但都有自己独特的历史渊源与发展历程，共同谱写了英国中世纪那段辉煌乐章。对于一个历史悠久、饱经沧桑的国家来说，能产生这两所大学并至今跻身于世界一流大学行列，这跟英国大学诞生与发展的深厚积淀是密不可分的。英国到底是在什么样的社会背景下产生的大学，又是哪些主观和客观因素在这一过程中影响着英国大学的发展，成为值得研究的问题。

　　英国中世纪大学的产生与欧洲中世纪社会发展是密不可分的。尽管英国在其教育发展过程中形成了具有特色的英国模式，但究其产生的原因，离不开宗教、贵族体制、经济生活等因素的影响，更摆脱不了与其他国家中世纪大学之间的联系。英国中世纪大学诞生于基督教文化统御西欧大陆的时代，罗马教皇的势力遍及各个国家和地区，各种教会团体以修道院办学的形式涉足教育活动，向人们传播教会思想与文化，与大学之间有着错综复杂的制约关系。英国的贵族体制是英国封建社会的特色，体现了等级森严的阶级性，贵族与王权之争亦影响着大学的自治权，在英国中世纪大学的发展中扮演着双重角色。英国中世纪的经济生活方式在短短的几百年中发生了巨大变化，使英国在中世纪晚期迅速跻身于西欧贸易强国之列。从传统农业的庄园经济到新兴手工业、工商业贸易经济的转变，为英国社会带来了极大的物质资源基础和国际影响力。所有这些社会因素的转变都为英国中世纪大学的发展带来了新的契机。

与中世纪所有法人团体一样，英国中世纪大学的管理中最重要的一点是特权。在这些特权中，首要的和最重要的是自治权，即大学作为法人团体有权处理与外部的关系、监督成员的录用、制定自己的章程并通过一定程度的内部管辖强制实行，而其他的特权则由法人团体的成员所享有。这些影响，连同学生的人数、创办者的意图或者大学所处地理环境等因素一起，促成了大学组织和结构的形成。英国中世纪大学有校级和院级两种层次的管理，校级又分为内外管理层，每一层都有自己独特的机构设置和人员安排；而院级的管理更是反映出强烈的自治要求，并有严格的大学和学院章程加以规定，体现出英国中世纪大学的等级性和保守性。

英国中世纪大学是学术发展和知识积累的产物及其制度化的表现方式。英国中世纪大学的教学活动与学术进步有着密切的关系，一方面它延续了英国古代教育的某些传统和特征，另一方面也在很大程度上体现了12、13世纪时的学术活动和特征。从11世纪至12世纪中期，英国中世纪大学的教学内容主要是沿袭古希腊，特别是希腊化时代后期及古罗马的教育内容。学科主要分为基础的文学和高级的医学、神学和法律。教学方法主要有讲授和辩论。

教师与学生是大学运作系统的两个主体构成要素，教学及其管理活动是教师与学生的互动，这两个群体中任何一方的缺席都无法构成完整意义上的大学教学和管理。教师、学生以及办学经费等构成了中世纪大学内部管理的重要内容。学者课余时间的娱乐生活则由于受英国中世纪大学传统、保守的道德观念的影响和基督教交易思想的约束而显得非常乏味，当然也从侧面反映出学校管理行为的有效实施和女性地位低下等若干问题，发人深思。

本书的目的首先在于通过查询与英国中世纪大学相关的文献资料，活灵活现地还原牛津、剑桥两所大学在建立初期的发展风貌，以期对当时英国中世纪的大学有一个具体全面的认识，并对其中的问题加以分析，寻找存在的内外因素，并在此基础上总结英国中世纪大学发展的特点：了解英国中世纪大学产生与发展的社会背景，对其所处时代的宗教、经济、政治状况进行宏观梳理，并总结规律及特点。进一步研究英国中世纪大学产生与发展的影响因素；通过查阅相关信息，挖掘新文献，对比两所大学自身的特点和共同点，丰富此类研究的史料；从专业视角审视英国中世纪大学的组织与机构管理、教育教学活动、教师与学生的状况，归纳英国中世纪大学早期发展的潜在因素，总结其历史贡献。

其次，由于中世纪晚期英国的社会结构发生了巨大的变革，早期的英国大学也孕育而生。大学产生与发展的过程也是教权与皇权冲突的最后阶段，通过研究大学的发展变化可以更好地理解西欧教权与政权的二元政治结构的发展、演变、终结的历史进程，为理解整个社会的转型提供了一个很好的切入点。

再次，拓宽和加深中世纪英国教育史，尤其是英国大学史的研究。中英建交后，我国对英国的研究取得了丰硕成果。国别史研究具有较强的个案性和实证性，因而是基础性研究，可为大学史研究提供实证材料和典型个案。但凡历史研究，其首要目的在于弄清历史事实，厘清发展脉络。据此，英国大学早期发展研究以分析中世纪英国大学产生的基本状况及其与社会政治、经济之间的互动关系，进而归纳影响英国大学产生的基本因素，总结其产生的原因。本书从英国大学早期发展这一具体问题入手，将其产生的过程纳入研究视野，本着一切历史都是当代史的原则来寻求历史对现实的作用和意义。巴茨（R. F. Butts）在《教育文化史》（*A Cultural History of Education*）一文中说："研究教育史，就其本身而言，是不能解决目前的实际问题的，但却能够使我们更为明智地对待目前的实际问题。"① 教育史研究的价值在于它解释了一部分人类经验，这些经验能够作用于当代社会。以史为镜，可以扩大我们的视野，与历史交换看法，可以清除我们的幼稚与自足感。

最后，英国在近代大学发展史上属于先发国家，其大学教育不仅质量高，而且在国际上影响范围广，具有深厚的文化传统，形成了自己的特色。通过分析英国大学与经济和社会的关系，研究英国大学产生的起因、过程及其结果，将对我们研究与制定 21 世纪中国高等教育的发展战略和政策提供一个有益的参照典型。一所大学的产生不仅为青年人提供了接受高等教育的机会，更重要的是创造、发扬并传承了大学的精神，国家的兴旺发达必须要依靠大学这个现代社会的轴心之一所培养出来的高素质专业人才。随着现代人类社会发展过程中国家对高等教育的依赖程度越来越高，如何创办一流的大学就显得尤为重要了。

自 1998 年 5 月江泽民主席在北大 100 周年校庆上明确提出我国要建立"若干所具有世界先进水平的世界一流大学"迄今

---

① Butts, R. F., *Cultural History of Education*, lrwin: McGraw-Hill, 1947, p. 1.

已经十几年了，清华大学校长王大中认为在发展中国家建设世界一流大学，是一项十分困难的任务，但考虑到近几十年的经济高速发展已使中国走上了现代化之路，加之中国现代高等教育虽历史不长却扎根于源远流长的民族文化和传统之中进而形成了自身的办学特色，所以建设世界一流大学也不是没有可能性。所谓一流大学，追溯其历史可以看出，其中既有共性的东西，也有各自的特点。首先需要在多国经验的基础上归纳总结出共通性的规律认真学习，这不仅是态度问题，而且是进行创新办出特色的一个重要基础和根本前提。这可以说正是研究英国大学早期发展的意义所在。

尽管本书的结构框架并没有表达对中国和英国的明显比较，但在研究过程中无时无刻不在思考与对照本国教育问题，采用的是基于本土意识的"心中比"，本着既要"学得像"又要"学出样"的精神在研究过程中对我国高等教育改革和发展进行一定的思考。这些思考不奢望成为中国大学崛起的灵丹妙药，但确实寄希望于它的抛砖引玉。

作为一个复杂的社会机构，大学的发展和经济的繁荣、政治的稳定是分不开的。立足于史学论题，既要考察当时英国的社会背景，也要探讨大学的形式、性质和内容。特别是在中世纪的英国，既是一个基督教统治下的社会，同时也是世俗的阶级社会，大学教育不可避免地带有双重性质：宗教性和阶级性。学校的组织形式和教学内容都带有明显的时代特征。但随着社会的不断进步，新的阶级的生成，大学教育的目的、内容和形式也相应地发生了变化。同时，生产方式的转变、商会的形成，以及伴随西欧大陆商品贸易往来的文化交流，也都成为英国大学产生和发展的直接或间接因素。本书的内容力求能够反映这些问题。

由于中世纪英国大学产生的时间段较短，苛刻地说只有短短的三百多年，因此本书放弃史学研究一贯以年代脉络为主线的写作框架，这样更容易集中注意力找出在同一时间发生的不同之间的联系。本书研究内容主要分为以下五大部分：

第一，英国中世纪大学产生的背景，包括西欧中世纪社会变迁大背景下的英国宗教背景、贵族体制背景、经济生活背景，以及大学出现前的英国教育状况。

第二，英国中世纪大学的内部结构，将从校级管理和院级管理两层来分析。校级包括内外部管理，院级则主要分析两校早期学院的管理，力求以翔实的史料，还原英国中世纪大学的初貌。

第三，英国中世纪大学的教学，按照学科分为基础的文学和高级的医学、神学、法学，分析英国中世纪大学独特、传统的教学内容、教材、教法，以及部分学位的必修课程。

第四，英国中世纪大学教师与学生，包括教师与学生的学术生活。另外还有学者的娱乐生活，并从侧面反映出英国中世纪大学的各种现象。

第五，英国中世纪大学早期发展的因素和特点分析，将从西欧的社会阶级、文化传统、法律制度、社会思潮、经济发展等方面来总结英国大学产生的因素和特点。

总而言之，站在现实的高度，透过历史的视角，以英国中世纪大学的早期发展为研究脉络，对两校的历史、沿革及特征进行系统的研究，是本书的指导思想。在前人研究的基础上，进一步发掘整理新资料，适当做一些基础性工作，着重分析、总结英国中世纪大学早期发展的特点与因素，以期为今后的学者铺平道路。

# 目　　录

# 导　　论

## 一　研究英国中世纪大学早期发展的缘起

### （一）英国中世纪大学的起源与早期发展

英国是最早一批产生现代大学的西欧国家之一。对于英国中世纪大学的产生并不能给出一个准确的时间点，因为用现代的眼光来看，大学的形式在产生之初是不规范的，其概念也是模糊的。所以只能从英国出现高等教育这种形式去理解大学的早期发展。那么何谓高等教育？其解释多种多样。例如，把它解释成为上流社会的教育，是培养从事高贵职业的人的教育，是研究高级学科的教育，是正规学校教育过程中的最后阶段。[①]围绕着作为 12 世纪和 13 世纪产物的主要学校，形成了关于英国历史上高等教育的概念。作为最早出现近代大学的国家之一，在 800 多年的时间里，英国大学所取得的成绩有目共睹。根据英国《泰晤士报高等教育专刊》公布的 2012 年全球 100 所最佳大学排行榜，前 10 名里有剑桥大学和牛津大学，在前 100 名内有 9 所英国大学。迄今为止，更有上百名英国人曾荣获诺贝尔

---

① 刘宝存：《大学理念的传统与变革》，教育科学出版社 2004 年版，第 11 页。

奖，涉及文学、医学、化学和物理学等多个领域。其中，剑桥大学也是诞生诺贝尔奖得主最多的高等学府，共有 88 名诺贝尔奖获得者曾经在此执教或学习，其中 70 多人是在学期间获此殊荣的。牛津大学也有 57 名诺贝尔奖获得者，其中 25 名是在读学生。这不仅反映出了英国大学的高水平，而且还反映出了其各专业领域高水平的均衡发展。对于一个历史悠久、饱经沧桑的国家来说，这应该是一项令人骄傲的纪录。这跟英国大学诞生与发展的深厚积淀是密不可分的。英国到底是在什么样的社会背景下产生的大学，又是哪些主观和客观因素在这一过程中影响着英国大学的构成，成为值得研究的问题。

### （二）我国对英国大学早期发展研究的不充分

在近代史上，中国和英国的交往史，与其说是文化交流史，不如说是英国侵华史更为恰当。中国和英国最早的接触可以追溯到英使马戛尔尼（Macartney）于 1793 年率团使华，该事件标志着中英外交史上第一次正式交往。然而，马戛尔尼却不遵循中方礼仪，在觐见乾隆皇帝时拒绝行"三跪九叩"礼，因此直接导致了中英外交谈判的破裂。对这次使团出使中国的结果，很多学者普遍认为是失败的，而当时中国的落后、以天朝上国自居的傲慢，和其以朝贡制度为中心的僵化的外交实践则被视作导致使团失败的关键原因。19 世纪中期，英国率先完成工业革命，成为世界工厂，迫切要求发展海外贸易。作为当时世界霸主的英国，不仅实力最大，而且拥有最多的殖民地，号称"日不落帝国"。此时，英国与中国在鸦片贸易中产生纠纷。这次，英国不再像上次那样好说话，而是收起绅士的风范，摇身一变，成了侵华的急先锋。英国侵华重在迫使中国通商，而非土地的占有，故 1842—1897 年用了将近半个世纪的时间，分三步才最终占领了中国香港地区，面积只有 2000 多平方公里，侵占速度慢条斯理，颇具绅士风度。19 世纪末 20 世纪初，爆发了第二次工业革命，英法两国开始衰落，美国和德国开始崛起，日本通过明治维新迅速摆脱被侵略的处境，变成了侵略者。在对中国的侵略中，英国逐渐成了看客。而对这一段历史，我们已无须多说……中英两国建交是在新中国成立后的第五年，也就是 1954 年建立了代办级外交关系。1972 年中英两国正式建立外交关系（大使级），1997 年香港回归使得中国领土上不再有英国的殖民地。自那时开始，两国交往越来越频繁，国际关系也向积极的一面发展。直到 20 世纪 90 年代以后，随着两国文化交流的加强，国内的一些教育研究者陆续写作发表了一些与英国高等教育有关的论文，但从总体而言，研究队伍依旧比较薄弱。目前关于英国高等教育研究的内容涉及英国高等教育改革、高等教育国际化、高等教育质量保障体制、高校的教学模式与管理模式、大学生就业和学生事务管理等。研究主题贴近我国高等教育改革的实际，有着明确的研究目的，即为我国高等教育改革和发展提供经验借鉴，但缺少有关英国大学发展史的研究，也未见英国大学早期发展的专门研究。其中存在的一个突出局限是现有成果大多数停留在对二手资料的比较分析上，绝大部分研究是以简单的陈述和介绍为主，缺少实质性的深层思考和分析。在研究方法上多为描述性的定性分析，缺少实证性的定量研究。本书虽未能在研究方法上有所突破，但试图通过对英国大学发展的起点进行梳理和研究来做一些基础性的工作。

　　基于多年开展高等教育和教育史方面研究的经验，和之前做过当代大学的改革、发展中的研究成果，笔者发现在很多学校内部体制改革的问题上，我们往往借鉴西方大学改革的宝贵经验，因而对西方大学的发展变迁颇感兴趣，希望追本溯源，了解西方大学是如何产生的。而最早的西方大学又诞生于中世纪的欧洲，以大量英国中世纪经济、社会的图书与研究资料为依托，必能找寻到历史发展中的蛛丝马迹。

英国的访学经历同样使笔者对英国大学及其高等教育体制具有切身感受，而且多年教育学科的学习又使笔者不再满足于对一国的教育体制及其发展历史仅仅具有体验式的感性认识，有意对此做进一步的理论性研究和探讨。正如韦恩·厄本（Wayne J. Urban）所言："我们每个人都在通过不同的镜头看这个世界——其清晰度也各不相同。当我们的视野变得模糊甚或失去焦点时，我们自然会调整自己以摆脱这种模糊。"[1]

## 二 英国中世纪大学的内涵

### （一）英国

当今的英国是指：大不列颠及北爱尔兰联合王国（The United Kingdom of Great Britain and Northern Ireland）。由于历史上不列颠王国在形成过程中，主要疆域一直是英格兰地区，因此人们便称之为英国。英伦三岛是指英格兰（England）、苏格兰（Scotland）和威尔士（Wales），由于北爱尔兰（Northern Ireland）位于爱尔兰岛，其余众多岛屿面积过小，所以不包括在内。

中世纪的英国概念与现代差异很大。中世纪（Middle Ages）（约476—1453年）是欧洲历史上的一个时代（主要是西欧），

---

① ［美］韦恩·厄本：《美国教育，一部历史档案》，周晟等译，中国人民大学出版社 2009 年版，第 15 页。

自西罗马帝国灭亡（476 年）数百年后起，在世界范围内，封建制度占统治地位的时期，直到文艺复兴时期（1453 年）之后，资本主义抬头的时期为止。"中世纪"一词最早是由 15 世纪后期的人文主义者开始使用的。早在公元前，来自地中海的伊比利亚人、凯尔特人、比克人，相继迁徙到不列颠地区。在公元 1 世纪到公元 5 世纪期间，不列颠岛东南部均受罗马帝国统治。当罗马人撤走之后，来自北欧的盎格鲁人、撒克逊人和朱特人先后入侵，并定居下来。从公元 7 世纪开始，英格兰地区萌生了封建制度，当时众多小国合并成为七个王国，并争雄长达 200 多年。公元 829 年，威塞克斯国王——爱格伯特打败其他王国，统一了英格兰地区，史称"盎格鲁—撒克逊时代"。在 8 世纪末，英格兰地区遭到来自北方的丹麦人的侵袭，一度沦为丹麦海盗帝国的领地。而后经丹麦王的短期统御，在 1066 年，法国诺曼底公爵威廉渡海征服了英格兰，最终建立了诺曼底王朝。1215 年，约翰王迫于议会压力，签署了大宪章，王权受到抑制。从诺曼征服开始一直到中世纪末，是本书所考察英国中世纪大学的起源和早期发展时期。

目前能够肯定的是，在中世纪晚期英格兰出现了两所大学即牛津大学和剑桥大学，它们是继最早的自发性大学意大利的博洛尼亚大学和萨勒诺大学以及法国的巴黎大学之后出现的两所因迁移所产生的大学。当然这是主流学说，根据迁移起源，牛津产生于 1168 年，剑桥则产生于 1209 年，直到 1500 年前，英国只有这两所大学。值得注意的是，1378 年英格兰北部苏格兰地区出现了格拉斯哥、圣安德鲁斯和阿伯丁三所中世纪大学，但当时苏格兰并不属于大不列颠王国，与英格兰彼此独立，所以不做具体分析。

英格兰与苏格兰的最初结合是建立在共同的军事利益之上

的。从 1338 年至 1453 年，英法进行了百年战争。当时英国实力不济，先胜后败，锐气大减，只得寻求同盟国。1536 年英格兰着手与威尔士的合并问题，以谋求共同发展。1588 年，英苏合力击败西班牙"无敌舰队"，树立海上霸权。1603 年，苏格兰王詹姆士六世继位，成为英格兰王，史称英格兰詹姆士一世（James I of England）。他将原本属于自己名下的苏格兰王国和英格兰合并成了共主邦联。1640 年，英国成为世界上第一个爆发资产阶级革命的国家，为各国资产阶级革命树立了榜样。1649 年，英国宣布成立资本主义共和国。1660 年，英国封建王朝复辟。1668 年，英国国内爆发了光荣革命，确立了君主立宪制。1707 年，英国议会通过了联合法案（Act of Union），至此，苏格兰才正式与英格兰合并为一个国家，称为大不列颠王国（Kingdom of Great Britain）。原本的苏格兰国会于当年 3 月 26 日解散，并与英格兰议会合并为大不列颠国会。对苏格兰地区的管辖工作移交给了位于伦敦威斯敏斯特（Westminster）的国会来执行，而苏格兰地区的权益则通过在国会里为苏格兰人安排一定的席位来保障，仅仅保留一些立法机构分开处理，标志着英格兰与苏格兰的联邦关系已经确立。所以在中世纪的时间段，苏格兰三所大学不在英国中世纪大学的研究范围内。

## （二）大学

《辞海》（教育心理分册）对大学的解释是："实施高等教育的学校。大学分为综合大学、专科大学或学院。中国大学以本科为基本组成部分，有的设专修科和研究生机构。"① 《教育大辞典》第 3 卷的解释是："1. 高等学校的一种。2. 泛指各种高

---

① 《辞海》（教育心理分册），上海辞书出版社 1980 年版，第 380 页。

等学校。"① 我国的《教育百科辞典》② 和《教育词典》③ 等相关工具书对大学的解释也是有差异的。《麦考瑞词典》(*MacQuarie Dictionary*) 对大学的解释是："在本科和研究生层次上引导教学和科研的高等教育机构。"④ 大学内不但提供本科生课程，而且还提供硕士研究生和博士研究生的学习课程。大学的规模大，学科广泛，同时还可以进行各种科研工作，通常具备授予毕业生各种学位的权力。《牛津英语大词典》（简编本）⑤ 对大学 (university) 的概念界定包括两个层面，首先是其起源意义，在拉丁语中的意思指"全体"，在晚期的拉丁语则指行会或社团，是师生就高于中等教育层次的，能对一系列学科进行教学的机构组织。在中世纪的英国、法国和意大利的一些地方，大多数师生来自外地。人们为了维护自身利益，便效仿手工艺人行会的方式组成了学者的行会。教师按所教的学科，组成教授会 (facultas)，学生则按籍贯组成同乡会 (nation)，抑或称之为民族团。学生的团体和教师的团体又组成了学习、研究联合会 (universitas)，由此诞生了被称为人类文化历史上智慧之花的早期的中世纪大学。⑥ 从大学起源的意义上来说，大学是指综合性的大学。而另一层意义则泛指："注重科研，有权颁发学士及学士以上学位的高等教育机构。"根据《国际教育词典》⑦ 的概念，大学还应在教学和科研方面具有一定的学术声誉，因此很

① 顾明远：《教育大辞典》（第 3 卷），上海教育出版社 1991 年版，第 454 页。
② 张念宏：《教育百科辞典》，中国农业科技出版社 1988 年版，第 218 页。
③ 李诚忠：《教育词典》，黑龙江科技出版社 1989 年版，第 194 页。
④ Yallop and Colin, *MacQuarie Dictionary*, Sydney：Sydney University Press, 2006, p.771.
⑤ ［英］特朗博、史蒂文森：《牛津英语大词典》（简编本），上海外语教育出版社 2004 年版，第 561 页。
⑥ 贺国庆：《欧洲中世纪大学》，人民教育出版社 2009 年版，第 47 页。
⑦ Page and Terry G., *International Dictionary of Education*, New York：Nichols Publishing Company, 1977, p.133.

多学院也被包括在内。在实际情况当中也有例外情况，很多文科和理科学院即便只有大学本科部，但也被称为 university，有些成人教育学院和远程教育学院也被称为 university。

### （三）中世纪的"大学"

大学（universitas）一词，在 12 世纪到 14 世纪时被广泛使用，用来表示一些合作性的社团与法人。如：手工艺人行会、自治性团体和教师或学生行会。在中世纪时期使用的术语跟我们现在理解的大学的定义最接近的就是 studium generale。studium 指的是组建了设施，以便于开展学习活动的学校或机构。至于 generale，既不是指所教授学科的一般或者普遍的性质，亦不是指学生的数量，而是强调学校能吸引外地学生的能力。studium generale 应具有高度的司法自治权，有选举组织领导人的权力，有独立制定学校规章制度和法律的权力，并且有代表学校的统一的印玺。另外，还应具有从其他地域招收学生的能力，不仅讲授自由艺术学科——七艺，还应至少教授医学、神学或法律中的一门高级学科，并且有足够的教师，以便满足各种教学需求。作为中世纪大学，studium generale 最重要的特权有两项，一是在 studium generale 中学习的，原本享有圣俸的神职人员，在学习期间仍然享有圣俸；二是教师享有到各地自由任教的权利。15 世纪时，universitas 成为 studium generale 的代名词，而后者则逐渐被淘汰。

### （四）学院

学院一词在《辞海》（教育心理分册）、《教育词典》《教育百科辞典》《教育大辞典》（第 3 卷）等词典中的解释大体上相同，指的都是大学的组成部分或者是独立的高等学府。在英语中，学院一词的对应词有很多，除 college 之外，还有 institute，school，academy，centre，conservatory 以及 faculty，等等。比如美国的麻省理工学院全称是 Massachusetts Institute of Technology，用的就是 institute；再如美国的西点军校全称是 The United States Military Academy at West Poin，则用 academy 一词；一些独立的音乐学院和大学，特别是欧洲的一些学校多用 conservatory 和 academy，但在大学内设置的音乐学院则一般命名为 School of Music 和 College of Music；有些西方医学院直接命名为 medical centre；在英国，大多数大学的学院都用 school，比如 London School of Economics，一些规模小的学院则称为 faculty，例如 Faculty of Science 和 Faculty of Arts，神学院则多用 seminary 一词。

根据《牛津英语大词典》（简编本）、《麦考瑞词典》《国际教育词典》等，college 有如下含义：（1）所有高等教育院校的统称。在此意义上，college 可以和 university 通用。（2）只提供本科教育的大学。这种大学的规模普遍比较小，提供四年制课程，毕业授予学士学位，基本没有研究生的课程可供学生选择。（3）二年制的社区大学和学院等，比如有的学校称为 junior college，有的叫作 community college，也有的称为 college，还有的叫作 technical college。这一类的学院提供基础的高等教育课程。在学完两年的课程之后，学生可以取得副学士学位，文科授予 Associate in Arts，理科授予 Associate in Science。此类学院还提供其他文凭和高级文凭的课程。（4）大学中的组成部分。例如：在一所综合性大学里设有文学院、理学院、神学院、医学院等。（5）指中学。例如：英国伊顿公学（Eton College）。（6）是指附属于大学的，供本校大学生自习和住宿的场所，也称之为学舍。例如：牛津大学、剑桥大学的国王学院（King's College）。另外，college 还可以指学院中的学生和教职员工。与此相关，

college 有时也可以用于指代一些有权力的、从事某种工作的组织。例如：选举团（the electoral college）、皇家内科医师学会（the Royal College of Physicians），等等。

实际上在很多西方国家，比如美国，college 和 university 两者之间的差异甚小，均可以给学生颁发学位，而且根据专业领域的区别颁发不同的学位。例如：常春藤学校之一的达特茅斯学院（Dartmouth College），可授予各种高级学位，包括：硕士、博士和医学博士等，可它仍旧名为学院，是一所具有大学（university）之实却名为学院（college）的学校，与英国的情况构成鲜明对比。在英国，college 通常是指年龄达到 18 岁的学生，就某一学科、技术领域接受训练并取得学位以外资格证书的机构。如果想要获得学位，则应该选择去 university 就读，而不是 college。大学是承担学历学位教育和研究工作的主要机构，地位远远高于学院。大学有更高的威望，学费也十分昂贵。并且大学的课程丰富，生源也往往更多。最重要的一点是，大学具有授予学位的许可权。在合法的前提下，大学对于课程设置、自身发展计划有很高的自主权，即自我认证（Self-accrediting）。一般来讲，学院没有这种授予学位的权力，它们多通过中介机构进行认证、调整学位事务等，只能颁发证书或者文凭，即便少有几所可授予学位的学院，也只能在特许情况下，授予特定专业的学士学位，大都是普通学士学位，而不能授予荣誉学士学位。学院的课程和学生也较少，学费比较便宜。一般而言，大学的学术水平比学院要高，鲜有学术水平超过大学的学院。

# 第 一 章

# 英国中世纪大学产生的背景

在西方教育史上，英国中世纪大学的产生与欧洲中世纪的社会发展是密不可分的。尽管英国在其教育发展过程中形成了具有特色的英国模式，但究其产生的原因，离不开宗教、贵族体制、经济生活等因素的影响，更摆脱不了与其他国家中世纪大学之间的联系。

## 第一节　英国中世纪大学产生的宗教背景

宗教是人类社会意识形态发展到一定历史阶段的必然产物，是一种文化现象。宗教虽有教派之分，但实质上存在着明显的共性。宗教相信现实世界之外存在着超自然的神秘力量或实体，该神秘力量统摄万物而拥有绝对权威、主宰自然进化、决定人世命运，从而使人对该神秘力量产生敬畏及崇拜，并从而引申出信仰认知及仪式活动。

一般来讲，宗教是对神明的信仰与崇敬，或者可以说宗教就是一套信仰，是对宇宙存在的解释，通常包括信仰与仪式的遵从。费尔巴哈在《宗教的本质》一文中，概述了宗教，尤其是自然宗教即多神教的本质，明确提出神学就是人本学和自然学的论点，弥补了《基督教的本质》漠视自然界的缺陷。费尔巴哈指出，人的依赖感是宗教的基础。自然是人生存的基础和依赖的最初对象，是宗教的原初对象。人依赖的自然对象各不相同，自然宗教因而也就有众多的神。而自然事物、自然现象乃至动物之所以被崇拜为神，是由于人为了实现摆脱依赖的愿望，从人的立场把所依赖的对象想象成为像人那样的东西，把自然看作是具有人性的东西，而后又崇拜它。自然宗教的本质同样是人的本质的异化，不过是用自然被人化的间接方式表现出来。自然宗教的神是人把自己的本质依附于个别的具体的自然对象，具有一定的局限性。当人由物理实体变为政治实体时，当君王的占有、决定统治和支配着人的时候，自然宗教就为精神宗教，比如基督教所代替。

基督教文化对教育的影响十分深刻。英国中世纪大学的产生同样也受到宗教的影响，与基督教的发展密切相关。

## 一　英国中世纪修道院教育

英国教育的发展与基督教的传播及修道院的建立密切相关。自圣·奥古斯丁时代，英格兰就有了学校。但直到公元 669 年，小亚细亚的西奥多担任英格兰大主教后，坎特伯雷大教堂才开始系统地教授拉丁文、希腊文、罗马法、教会音乐和宗教历法的计算，以及宗教韵文诗的创作方法。[①] 事实上基督教在不列颠的传教活动可以追溯到公元 5 世纪。公元 432 年，帕特里克（Patrick，约 390—460 年）主教在爱尔兰建立了较为健全的教会组织和教区制度，各地普遍建立的修道院既传教也承担教育功能，吸引了英国和欧洲大陆的学生来学习，他们推广了基督

---

① 钱乘旦、许洁明：《英国通史》，上海社会科学院出版社 2007 年版，第 34 页。

教，设立的学校遍及各地。① 基督教会主要是通过修道院来传承中世纪的文化。早在公元 7 世纪时，英格兰的修道院就有古典学术传统。许多大修道院的学者们抄写古典文献的手稿。如果当时没有修士们抄写文本，没有修士们的积极传教，没有修道院学校所实施的教育，古典文化很难延续和保存下来。②

在英格兰，坎特伯雷学校和很多大修道院学校也是当时的学术文化中心。"英格兰的一些修道院，特别是在约克州的那些修道院，在当代是具有重大意义的。罗马统治期间的不列颠文明早已荡然无存，由基督教传教士所导入的新文明几乎全部集中于全面直接仰赖罗马的本尼狄克派修道院。"③ 自从坎特伯雷大主教西奥多时代起，英格兰人就掌握了希腊文。到公元 7 世纪前后，英格兰地区出现了拉丁文法学校。拉丁文法学校不是为了培养传教士，而是为英格兰富有阶层的孩子设立的。由于英格兰人不懂拉丁语，而宗教仪式是用拉丁语进行的，因此传教士们必须先向本地教士传授举行宗教仪式所用的语言，上层社会的皈依者在掌握宗教原理之前也必须学习文法基础。由此，文法学校成为人们进入教会的必经之路。在当时的坎特伯雷大教堂还并存着一所歌咏学校，这些歌咏学校比文法学校更加普遍。到公元 8 世纪末，所有大教堂和联合教会都创办了文法学校和歌咏学校。牛津大学和剑桥大学诞生后，拉丁文法学校日益衰落，仅剩文法课程，成为大学的预备机构。

总而言之，英国中世纪大学产生之前，基督教修道院和具

---

① ［美］佛罗斯特：《西方教育的历史和哲学基础》，吴元训等译，华夏出版社 1987 年版，第 144 页。

② ［英］克里斯托弗·道森：《宗教与西方文化的兴起》，长川某译，四川人民出版社 1989 年版，第 40 页。

③ ［英］罗素：《西方哲学史》（上卷），何兆武、李约瑟译，商务印书馆 1997 年版，第 483 页。

有宗教性质的拉丁文法学校在传承文化上发挥了重要作用。①

图1—1所示为英国中世纪喷泉修道院遗址。

**图1—1　英国中世纪喷泉修道院遗址**

## 二　教权与王权的博弈

自11世纪起，西欧社会开始出现经济、政治和文化的全面复苏，庄园经济的产生、行会制度的形成和骑士制度的建立，进一步推动了西欧封建制度的发展。与此同时，欧洲的社会结构也发生了深刻的变化。罗马教皇的权力不断扩大，他作为基督教的代表控制着所有的基督教国家。到11世纪初，几乎所有的西欧国家都已经接受了基督教信仰，制度严密的各级基督教组织遍及西欧大地。

伴随着世俗国家的形成，教权与王权之间的较量也开始出现在政治舞台上。寺院经济的崛起最初是由世俗统治者国王和贵族等人推动的，但一旦寺院经济具有一定的规模和势力，它就开始表现出对世俗统治者的独立性，并且在兼并土地方面与

① ［英］博伊德、金合：《西方教育史》，任宝祥、吴元训主译，人民教育出版社1986年版，第126页。

世俗贵族展开了激烈的竞争。随着经济财富的日益增长，大量的庄园和挥霍不尽的捐款使修道士们逐渐堕落为社会的蛀虫，修道生活已经丧失了苦行、禁欲和自我折磨的本来意义，成为暴发致富的最便捷途径。由于宗教僧侣日益同化为世俗封建领主，他们所代表的基督教禁欲主义精神和唯灵主义理想也就荡然无存。1071 年威廉一世征服英格兰后，严格控制教会，有意削弱其独立性，抗拒罗马教廷对英格兰高级教职的任命权。

在这种情形下，托钵僧派方济各会和多明我会发起了修道院改革运动。"此派对于高级的各学科，有很精密的训练研究，而尤注重于考求办理大学和其他教育机关的方法"①，反映了 13 世纪人们对精神和知识的渴求，为欧洲的大学教育和慈善事业做出了贡献。13、14 世纪许多重要的经院哲学家均属于托钵僧派，如大阿尔伯特、托马斯·阿奎那、罗吉尔·培根、邓斯·司各脱、威廉·奥卡姆等。他们既是当时最具权威性的神学家，也是精通"七艺"的博学之士；他们不仅占据了基督教神学的制高点，同时也占据了欧洲各大学的讲坛。

社会各阶层的势力，如教皇、皇帝、王公、主教、市政当局、贵族、平民、教师和学生等，在他们为生存而战时，都希望从学术和科学知识中获得支持。"大学的发展，与帝国、教会、教皇制、较旧式的学校和其他许多中世纪时代的制度之发展，无不密切相关。"② 中世纪大学大多是由原来的大教堂学校和修道院学校发展起来的，如巴黎大学就是从著名的巴黎圣母院大教堂学校演变而来，如图 1—2 所示。大教堂作为一个文化中心的重要地位始于公元 9 世纪，当时加洛林王朝通过立法允

---

① ［美］格莱夫斯：《中世教育史》，吴康译，华东师范大学出版社 2005 年版，第 72 页。
② 同上书，第 75 页。

许大教堂保留学校，并对大教堂教士的日常行为做出了规定，大教堂的文化影响在 12 世纪文艺复兴时期达到了顶点。"这些大教堂中的学校孕育了中世纪的大学——因为大学至高无上的任务就是理解和解释神所启示的真理之光。正如十字军反映了在穆斯林土地上扩展神的国度这样一种广泛的激情一样，大学显示出理解神的真理的强烈渴望，无论从何处接受这个真理。"①巴黎大学是作为知识复兴的结果建立起来的，而牛津大学和剑桥大学直接或间接地产生于导致学生大规模迁移的政治和宗教斗争。"牛津大学的创办与任何大教堂没有直接联系，而是王室对当时受过教育的人所提供服务的一种迫切需要；无论如何亨利八世对随后剑桥大学的出现是非常满意的，因为从那里王国的很多优势和荣誉自然增长。"②

图 1—2　巴黎圣母院大教堂

① ［美］布鲁斯、雪莱：《基督教会史》，刘平译，北京大学出版社 2005 年版，第 216 页。
② Joan Simon, *Education and Society in Tudor England*, Cambridge University Press, 1966, p. 8.

## 第二节　英国中世纪大学产生的贵族体制背景

### 一　英国的贵族

英国是一个典型的贵族皇室社会，它与欧洲大陆的重大差别在于，通过自我奋斗而成功的人士如律师、商人或企业家，极易获得相应的权力和社会地位，他们急于成为新贵族，这种欲望比他们欧洲大陆的同行们更为强烈。对贵族的界定并不完全是高贵的血统，而是血统加上美德。这种美德不仅包括献身于上帝和国教会，以及道德上的正直，还应包括对某些技能如书本知识、语言、历史、优雅的举止和良好军事技术的掌握。对知识和教养的推崇，使得教育在贵族生活中的地位大为上升，接受贵族教育对于贵族的文化生活、公众形象和社会地位等都有着重要影响。

"贵族优越的社会、政治和经济地位，使他们在文化观念的创新、文化成果的创造和享用等方面，表现出一种超越一般社会大众的高傲的自信、远见卓识和优雅的品味，从而成为社会高层次文化的引领者。"[1] 因此，贵族不仅意味着一种头衔和地位，也意味着社会的一种追随目标，"向上流社会看齐"逐渐成为社会风尚。贵族对自身的特殊地位和职责有明确的意识，是诸多品质的一种奇妙混合体。

贵族的精神源于中世纪早期。贵族子弟一般接受骑士教育，除学习文化知识、宗教神学之外，还要花费大量时间学习武艺。贵族不仅有高贵的血统，而且具备优秀的品质和领导才能，被视

---

[1]　邢来顺：《德国贵族文化史》，人民出版社 2006 年版，第 2 页。

为社会精英。因此，贵族的教育理念认为教育应培养高贵而有才干的统治者，这也是英国教育具有浓厚贵族特性的历史渊源。

### 二 英国贵族体制

英国贵族体制是英国乃至西欧社会的古老文化遗产。它既不同于唯我独尊的君主，又明显区别于普通民众。贵族依血缘关系和功绩等因素得到君主的恩赐，获取爵位和封地，拥有特权和权力。贵族是天然的统治者，他们不仅控制着议会两院，还将权力伸向行政、司法、军事和地方管理等诸多领域。

英国贵族体制起源于盎格鲁—撒克逊时代的"贤人会议"，参加贤人会议的大多是高级教士、世俗贵族、国王近臣和地方官员。① 贤人会议是当时英格兰所特有的中央机构，它有权参与国家税收、防务、分封、选举或废黜国王等重大决策活动，有权审理各种诉讼案件等。

自 1066 年的"诺曼征服"后，贤人会议改为大会议，成员包括皇室官员、诺曼教会贵族和世俗贵族，形成了新诺曼封建贵族体制。随着王权的衰落，英国贵族为摆脱王权的控制，逐渐展开与王权之间的争斗，目的是为得到更多的权力。诺曼征服以来连续发生的贵族和王权之争表明，英国贵族既是王权的追随者、屈从者和维护者，善于协调自身与王权的关系；又是王权的对抗者、挑战者和制约者。"正因他们与王权长期保持着一种依附和对抗的关系，而且在当时和以后很长时间内，双方总是不会在政治斗争中走得过远，所以说，不列颠贵族与王权之间已经存在着制衡的立宪细胞，隐藏着君主制和贵族寡头制并存的历史因素。"②

---

① 阎照祥：《英国近代贵族体制研究》，人民出版社 2006 年版，第 13 页。
② 同上书，第 16 页。

　　1200 年前后国王和贵族仍然是英国政治舞台上最重要的两股势力，它们在土地分封制基础上构成了一种颇具特色的对立统一关系。国王尽量重用贵族，使之参与国家政务；而贵族积极有效的政务活动，又反过来加强了国王的封建特权。国王有责任保护贵族的利益，否则贵族利益受损，积怨过多，就会联合起来与国王对抗。在 13、14 世纪的英国政治生活中，与贵族密切相关的重大事件是议会和两院制的形成。约翰王去世后，其子亨利三世（1216—1272 年在位）（见图 1—3）即位，大会议无国王主持，连年没有召开，多数贵族被排斥在权力之外，他们积怨甚重形成贵族反对派，与王室对垒。亨利三世亲政后继续重用少数贵族亲信，偏爱法国贵族，除非征税时才召开大会议。随着大会议性能的扩充和贵族势力的增强，人们越来越多地称大会议为"议会"（指政要或其代表之间的谈判、辩论和会议）。参加议会的成员也发生了变化，从 13 世纪中叶开始，骑士和市民也参与到议会中，逐渐演变成为多等级议会。

**图 1—3　亨利三世铜像**

总而言之，英国贵族与王权在长期的结合中形成了既合作又相互制约的政治契约关系，影响着英国中世纪大学的产生与发展，是英国中世纪大学高度自治性的社会渊源。

## 第三节 英国中世纪大学产生的经济生活背景

英国中世纪的封建经济生活中，占主导地位的是庄园经济。其特点是以农业为基础，自给自足。然而，随着生产力的发展，英国的封建经济逐渐转型。生产和技术的创新，给农业生产率的提高和剩余产品的积累提供了保障。到14、15世纪，英国社会从封建社会经济过渡到资本主义社会经济。这种变化为英国中世纪大学的发展带来了新契机。

### 一 英国中世纪农业经济

诺曼征服使英国封建制度最终确立，在封建的自然经济下，绝大多数农业劳动力投身于粮食生产，以保证最起码的生存需要，即使存在少数手工业者。《末日审判书》（见图1—4）中提到，当时英国已有一批小集镇（boroughs），诸如布里斯托尔、埃克塞特、牛津、奇切斯特、坎特伯雷、阿宾顿等有不下七八种专业手工业者。但其目的并不是进入市场，而是为了满足庄园领主的需要。

早期的农业生产受到地理环境、技术的制约，生产力水平低下，一般情况下生产与消费大体持平，不可能出现较多的剩余产品。但是，随着耕作制度和农业生产技术的改进，包括三

图 1—4　　《末日审判书》（*Doomsday Book*）

圃制①的使用、作物的更新和施肥技术的进步和新的耕作工具的出现，使得农业生产力得到较大提高。通过耕作制度和生产技术的变革，到 1300 年时，英格兰已是一个农业繁荣的区域，被人们称为"肥沃之地，富饶之岛"，在整个西欧社会都享有农业大国的美誉。的确，13、14 世纪的农作物产量获得了平稳增长。②

　　农业生产力的提高改变了封建剥削方式，劳役地租逐渐转为货币地租。英国是典型的庄园制国家，自 11 世纪封建制度确

---

　　①　亦称"三田制""三区轮作制"。中世纪欧洲国家盛行的一种谷物种植制度。那时，由于生产技术的进步，特别是有轮重型犁的推广普及，大规模的土地开发活动增加了大量的耕地，8 世纪后，三圃制盛行于地势平坦、气候湿润阴凉、土质黏重的中欧和西欧等地。它把耕地分为面积大体相等的休闲地、春播地、秋（冬）播地三个耕区。作物也在各区轮作，春播作物或大麦或燕麦或豆类，秋（冬）播作物或小麦或黑麦。耕地和作物分别依次逐年轮换，三年一个循环。在封建庄园内强制实行三圃制。农民拥有的耕地以狭长条地的形式，与领主保有地错落相间地散布在各个耕区内；每年种植的作物种类和农作时间强制划一，农民无权安排；休闲地和收割完毕后的耕地，都作为公共牧场，共同使用。与二圃制相比，三圃制一年可以收获两次，休闲地面积由二分之一减少到三分之一，既有利于减少农业灾害或歉收的风险，又有利于耕地和劳动力利用率的提高，因而农业生产水平高于二圃制。

　　②　侯建新：《现代化第一基石》，天津社会科学院出版社 1991 年版，第 40—41 页。

立，各庄园内的领主自营地以服劳役为主要地租形态，佃户的
人身依附关系受到严密控制。13 世纪封建庄园制发展到极盛后
开始发生转变，由于农业生产的发展，庄园内原来规定的劳役
量出现剩余，封建主不愿意白白浪费或放弃这部分收入；其次，
商品货币关系深入农村，庄园主需要货币交换市场上的其他商
品，于是逐渐放松对佃户的劳役束缚，允许缴纳货币以代之劳
役。据苏联学者科斯敏斯基统计，到 13 世纪末，货币地租在地
租总额中已占到 2/3 的份额，甚至有可能多于 2/3，劳役地租在
东部各郡的平均数字最高，但与货币地租相比，也仅占 39%，
而且越往西比例越低。① 货币地租的广泛推行，使得农奴逐渐摆
脱领主的人身依附束缚，与商品市场建立了密切联系。这是因为
他们缴纳货币地租，才能获得谋求生存的一块份地。这样农民的
产品绝大多数为市场生产，市场的变化决定着农民的生产和生存，
农民被完全纳入市场操纵的空间内，受到市场的强制。这正如马
克思所说，虽然这些"直接生产者和以前一样，至少要亲自生产
他们的生活资料的最大部分，但是现在他们的产品已经有一部分
必须转化为商品，当做商品生产。因此，整个生产方式的性质或
多或少要起变化"②。这个变化是农业生产的性质进一步走向商品
化，使农民的绝大多数加入小商品生产者的行列。

## 二 英国中世纪工商业经济

农业生产力的提高，大量剩余产品的出现，为工商业的发
展奠定了物质基础，农业为其提供原料和劳动力，加之货币地

---

① Kosminsky, E. A., *Studies in the Agrarian History of England in the Thirteenth Century*, Oxford Press, 1956, pp. 191 – 194.

② 马克思：《资本论》（第三卷），人民出版社 1975 年版，第 932 页。

租的盛行，将人们与市场紧密联系，促使手工业得以发展，以满足农业发展的需求，达到工农业的基本平衡。于是，英国城市的一些重要手工行业——纺织、成衣、煤炭开采、冶铁、制革、造船业、金属加工、建筑业等在这个时期都迅速发展起来了，其中尤以毛纺织业的地位最为突出。

　　毛纺织业之所以在英国得到发展，首先得益于优越的天时、地利环境。英国属于温带海洋性气候，常年受北大西洋暖流和西风的影响，整个不列颠群岛气候非常稳定，四季温差不大，这种暖湿的气候正适合牧草生长，对发展养羊业非常有利。大不列颠岛的地理环境以平原和丘陵为主，这也为农业和畜牧业的发展提供了良好的发展环境。根据 16 世纪一些旅行家们的记载，在英国有成群的牲畜，就畜牧和耕种来说，农民还是比较喜欢畜牧的。因此全国约有 1/3 的土地用作牧场，而不耕种。在英国有很多的马，有为数极多的猪，但特别触目的则是多得不可计数的羊群。①

　　其次，13、14 世纪以水力、风力为标志的新能源日益受到人们的重视，越来越多地应用于各手工业部门。在呢绒织造技术中出现了一项重要革新，即水力漂洗磨的发明。中世纪时呢绒织造是一项非常复杂的工作，它包含了梳毛、纺线、织呢、漂洗、起绒、修剪、染色等多个步骤。其中漂洗的过程尤为艰辛，必须由人力把织好的呢绒放入水桶，敲打洗涤使其加厚并去掉呢绒上附着的杂质，还要加入适当的漂白土，以便去污。水力漂洗磨的发明把漂洗工从沉重的体力劳动中解放出来。这种装置把上射式水车和漂洗工具连接起来，以水为动力带动一对锤子交替敲打呢绒，从而节省了大量的劳动力，提高了工作

---

① 克拉潘：《简明不列颠经济史》，上海译文出版社 1980 年版，第 216 页。

效率。同时，不列颠岛上丰富的水利资源也有利于这种机器的广泛应用。英国的主要河流有泰晤士河、泰恩河、塞文河、乌斯河、亨伯河、第河等，到了 14 世纪，水力漂洗机已经遍布在这些水源充裕的河谷里。1327 年以前东盎格利亚和英格兰东南部地区只存在少数水力漂洗坊，伦敦只有两个，而越往西走即泰晤士河上游谷地、肯内特河谷地和威尔士边区，水力漂洗坊数量逐渐增多，德文郡有 10 个，康沃尔郡有 11 个，西莱丁地区有 11 个。正是这样优越的天时、地利环境决定了英国毛纺织工业逐渐走出城市，在河流纵横的农村蓬勃兴起。

农业和手工业的发展带动了英国商业的发展。与此同时，在英格兰，14 世纪的工业革命同时带动了商业的发展。英国商业的发展标志之一就是国内商业交通网的初步形成。国内商业交往的加强需突破区域限制，形成完整的联系网。现存的大约绘制于 14 世纪中叶的《高夫地图》显示，当时英格兰和威尔士地区以伦敦为中心，以约克、唐克斯特、林肯、牛津、波士顿、切斯特、莱斯特、考文垂、伍斯特、格罗斯特、布里斯托尔和里丁等城市为区域性枢纽，出现了较为完善的路上交通系统，如图 1—5 所示。这一交通系统依托原来的古罗马大道，如伦敦经斯坦福德至哈德良长城以南的沿海和内陆地区。商业发展的另一重要标志是对外贸易的迅速发展。英国的对外进出口贸易主要集中在英吉利海峡的北海沿岸，新的工业地理分布加上阿基坦盆地和伊比利亚半岛来的货物贸易，使得布里斯托尔成为一大海港，最大城市伦敦以及赫尔、南安普敦、切斯特等附近都有装备齐全的港口。除了港口数量的增加外，羊毛和呢绒贸易也获得较大发展，由于政府对呢绒工业实行关税保护政策，鼓励本国呢绒出口，禁止羊毛等原材料出口，英国从 1347 年到 1348 年，呢绒的出口记录只有 4423 匹，而到了亨利八世统治末

期，经历了两个世纪后，呢绒出口量已达到 12 万匹，几乎增长
了 27 倍。进出口货物同样增多，不再集中于羊毛和呢绒产品，
到 14 世纪，皮革和煤也成为重要的出口商品，南安普敦早在
1309 年即以输出煤而闻名，煤的大宗贸易集中于纽卡斯尔，据
14 世纪的海关报告，纽卡斯尔的煤在阿姆斯特丹至敦刻尔克一
线的口岸，都享有盛名。

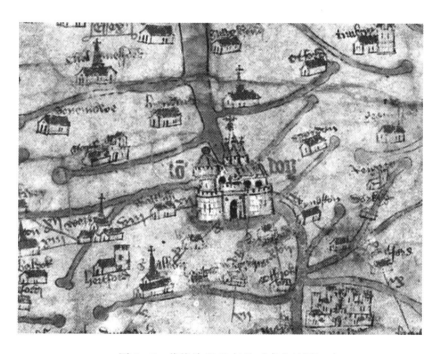

图 1—5　英格兰 1360 年的《高夫地图》

农业耕作方式和生产技术的改进，使得农产品有了富余，
促进了商品交换市场的扩大，提高了生产效率，农业劳动力得
以解放，为手工业生产规模的扩大提供了人力条件，原来守旧、
限制竞争的手工业行会就不得不做出改变。加之英国政府对本
国商人的支持，出现大量有实力的商人，他们在实力壮大过程

中，不再仅仅限于从事商品交换的简单贸易，而是纷纷参与到手工业产品的生产过程中，简单的小商品生产不再适应商人力量的壮大，这也迫使手工业行会纷纷向同业公会过渡，以避免被新的生产关系抛弃。

总之，自诺曼征服以后，英国经过 400 年的复苏和发展，使得不列颠的经济进入了新的时代。农业、工商业经济的兴盛和人口的激增，带动了更为广泛的各种城镇的规模化物资交流，提高了国民的物质生活水平，从客观上为大学的产生提供了人口基础和物质经济基础。

## 第四节　牛津大学起源的三种学说

牛津并非英格兰首府，亦非主教驻节地。牛津没有主教座堂，离教皇势力甚远，但英国最古老的大学偏偏诞生于此，是学者长久以来一直追本溯源的问题。

### 一　传说起源

早在特洛伊人征战亚平宁半岛时，希腊哲学家就已在泰晤士河上游定居。当时那里的希腊人村庄被称作克里克拉德（Cricklade），并出现了早期的办学现象。后来，这些学校迁到牛津郡博蒙特（Beaumont）郊区，选取圣·吉尔斯（St. Giles）教区主教堂举行学校的学位授予仪式。再后来，教师与学生在城市围墙内定居，该城是特洛伊国王所建。几个世纪以后，逐渐衰败的学校被阿尔弗烈德（Alfred）大帝重建，并把河对岸的教师们招揽过来，建立起三个会堂（Halls），命名为大会堂、中会堂和小会堂。另外，他命令贵族们把自己的儿子送到牛津接受教育。① 以上是关于牛津大学起源的最早说法。该学说出自蒙默思的杰弗里（Geoffrey of Monmouth）编写的《不列颠君王记》中，经后人不断完善和修改所传递下来。14 世纪雷纳夫·希格登（Ranulf Higden）撰写的编年史中提到牛津大学的阿尔弗烈德大帝起源说。他认为是阿尔弗烈德大帝在圣·内奥特修道院院长的建议下，最先创建了牛津的学校。不管牛津大学的前身是希腊哲学家抑或是阿尔弗烈德大帝所建立，都不是来源于准确的历史史实。

## 二　迁移起源

牛津大学是一所以教师为中心的教师型大学。牛津大学在组织形态和学术生活上都效仿巴黎大学。从 11 世纪开始，欧洲就把教育重心从修道院逐渐转移到主教座堂学校，法国巴黎大学便脱胎于此。但巴黎大学的起源模式并没有影响到英格兰。英格兰最早的大学，即牛津大学和剑桥大学都没有建立在主教座堂城镇。

牛津大学的诞生是十分偶然的。海斯汀·拉斯达尔认为，北欧的自发性大学总是会受主教座堂或牧师会教堂的影响，牛津是个例外；北欧的学校总是会受地方宗教权威的直接管辖，但牛津似乎从一开始便享有独立的地位。据此，拉斯达尔提出牛津大学的起源是一种偶然性事件，很有可能是来自于原型大学的迁移，即 1167 年的贝克特（Becket）争端导致的英格兰同乡会的学生和教师迁出巴黎。②

---

① T. E. Holland, *The Origin of the University of Oxford*, Vol. 3, The English Historical Review, 1995.

② Hastings Rashdall, *The Universities of Europe in the Middle Ages*, Vol. 3, Oxford Press, 1936, p. 12.

拉斯达尔提出，1167 年之前牛津的教学活动都是单独教师的个别行为，无法形成一所大学。直到有大量教师同时在牛津开展教学活动，才组建成教师团体。当时，许多教师在教授多门学科，吸引了来自各地的学生。[①] 因此，拉斯达尔认为，教师大量出现在牛津是由于 1167 年的贝克特争端，使学者从巴黎迁到牛津。拉斯达尔确定牛津大学的诞生是在 1167 年或 1168 年年初，而牛津大学的组织、学术声誉也是从巴黎召回的学者带来的。

拉斯达尔还提供了其他的证据来证明他的迁移起源。在很多历史文献中提到，从 1167 年开始，牛津学校与早期学校在质和量上有很大差异。比如，牛津出现了多学科学校，教师和学生数量大，并且很多学生来自不同地区。其中一些学校显示出与类似巴黎学校的早期组织形式。1167 年之后，威尔士的旅行者和历史学家吉拉尔杜斯·坎布雷西斯（Giraldus Cambrensis）最早提到牛津学校。他在自传中说，1184 年或 1185 年时，他去过牛津，并在教师和学生的集会上朗读他的新作品。由于作品很长，共花费 3 天的时间进行朗读。第一天，他与城镇所有的贫穷学者见面；第二天，则接待了不同学部的博士和学生们；第三天，认识了其余学者和城镇居民。[②] 在他的自述中，牛津已经拥有众多教师、学生和学部，一所规模堪比主教座堂学校或者修道院学校的大学依稀可见。因此，拉斯达尔认为，迁移理论是用来解释牛津学校的起源的最准确学说。

---

① A. B. Cobban, *The Medieval Universities: Their Development and Organization*, London, 1975, p. 98.

② 孙益:《西欧的知识传统与中世纪大学的起源》，博士学位论文，北京师范大学，2007 年，第 126 页。

### 三　自然起源

在迁移起源说中，拉斯达尔对 1167 年后牛津的变化表示很惊讶，所以证明说牛津大学的兴起是巴黎的学者迁移造成的。但很多人不同意他把牛津大学的起源归于外界因素的做法，他们认为牛津大学的产生与西欧大陆其他大学一样，都是基于自身发展而逐渐演变而来的。与拉斯达尔同时代的学者，像霍兰（T. E. Holland）和利奇（A. F. Leach），都没有强调这次迁移事件对牛津大学的影响，他们多将大学的起源归因于牛津本土学校。拉斯达尔也对他们的观点进行了积极的反馈，但仍然坚持了自己的看法。

在此之后，很多研究者均没有采纳拉斯达尔的观点，反而是倾向于牛津大学的自然起源学说。戈登·勒夫（Gordon Leff）在讨论牛津大学的起源时说："学校是土生土长的，是社会发展中，对教育需求增长的结果。没有必要刻意为大学的建立而寻找一个具体的日期或人为的创建行动。"[1] 学者萨瑟恩（R. W. Southern）也认为："牛津大学不是创造的，它是 13 世纪初期逐渐出现的。"[2] 雅克·韦尔热（Jacques Verger）认为："即便牛津大学的组织是从巴黎大学那里得到的灵感，但毋庸置疑，牛津大学是一所土生土长的原发性大学。"[3] 雅克还在《中世纪大学》一书中补充道："另一所自发诞生大学的传统例证则是牛津大学。12 世纪，一些鲜为人知的学校出现在牛津，甚至

---

① Gordon Leff, *Paris and Oxford Universities in the Thirteenth and Fourteenth Centuries: An Institutional and Intellectual History*, New York: Robert E. Krieger Publishing Company, 1975, p. 77.

② R. W. Southern, "From Schools to University", *The History of The University of Oxford*, Vol. 1, The Early Oxford Schools, 1984, p. 1.

③ Hilde de Ridder-Symoens, *A History of the University in Europe*, Volume I: Universities in the Middle Ages, Cambridge: Cambridge University Press, 1992, p. 52.

人们忽视它们出现在科茨沃尔德（Costworlds）不起眼小镇的原因。直至13世纪，这些学校在文献的静默中悄然发展。按照文献的解释，牛津隶属于林肯郡（Lincoln）的主教管辖，从宗教的角度看，有些天高皇帝远。这些学校在1208—1209年间突然显现，则在于城镇居民与学生（town and gown）间的一次突发冲突。冲突由于国王和教皇英诺森三世（lnnocent Ⅲ）都偏祖大学学者而得以解决。大学于1214年获取了最初的章程和特许权，使大学得以避开城镇居民的敌对行为（除教士外的物价税等）……牛津大学的总监与巴黎大学的总监有极大不同，他不是主教管辖的官员，而是大学行会的真正首脑。"① 阿兰·科班认为："英国的牛津大学和剑桥大学，与欧洲大陆的博洛尼亚大学和巴黎大学一样，都不是某个伟大人物在一夜之间建立起来的，而是经过了很长一段时期发展演变而来的。"②

　　这些与拉斯达尔的观点相反的学者们强调牛津大学的产生，不是由外界的迁移造成的，而是牛津学校自然演变的结果。其中最突出的一点在于有利的地理位置。尽管牛津不是主教驻节地，但是它具有重要的战略意义。牛津学校坐落在泰晤士河边城墙环绕的城镇，这些城墙乃是益格鲁—撒克逊人为了抵御北方丹麦人的入侵而建立的。③ 牛津城位于整个王国中部，地处北安普敦（Northampton）与南安普敦（Southampton）的通路中间，是连接附近重要城镇，包括伦敦、布里斯托尔（Bristol）、伍斯特（Worcester）、贝德福德（Bedford）和沃里克（War-

---

　　① ［法］雅克·韦尔热：《中世纪大学》，王晓辉译，上海人民出版社2007年版，第32页。

　　② A. B. Cobban, *The Medieval Universities: Their Development and Organization*, London, 1975, p. 97.

　　③ Gordon Leff, *Paris and Oxford Universities in the Thirteenth and Fourteenth Centuries: An Institutional and Intellectual History*, New York: Robert E. Krieger Publishing Company, 1975, p. 76.

wick）的交通枢纽，离南部海岸很近。从牛津出发可以直达英格兰的大部分地区，去欧洲大陆也很方便。这些便利的交通条件使得牛津学校与英格兰的政治和宗教有着千丝万缕的联系。教师和学生也都被看作是僧侣，归教会的司法体系管辖。

在大学出现之前，牛津就有教师进行教学。12 世纪上半叶，牛津的学校就已经能够吸引来国际上享有盛誉的学者，开展法律和神学方面的教学活动。这些学者的出现意味着当时牛津的学校已然存在，只是学校人口数量在迁移事件中获得了巨大增加，这也是因为亨利二世禁止英格兰学者留学海外造成的。1192 年，因为某些政治上的原因，受林肯主教区管辖的北安普敦学校有一些学者迁到了牛津，也使牛津学校的人口数量得以增加。① 总而言之，1167 年的巴黎学者迁移，仅仅促进了牛津大学的发展，而并非是大学诞生的主要原因。

## 第五节　剑桥大学起源的三种学说

### 一　传说起源

在牛津大学的发展历程中，一直存在学术爱国主义的只言片语，但是此种情形完全可以用寥寥几句交代清楚。如果说牛津大学神话起源说是诸多关于这所大学发展的丰富想象，那么剑桥大学也不乏类似的起源学说。剑桥大学的捍卫者为了证明本校悠久的历史，曾经引用过一些学说，穿过其更加令人敬畏的岁月迷城，开展了富有创造力的历史研究。剑桥大学的初建，

---

① H. G. Richardson, "The Schools of Northampton in the Twelfth Century", *The English Historical Review*, Vol. 56, 1941.

或者所谓的"重建"日期，有人认为可以追溯到坎特伯①时代，因此这所大学的章程可能会上溯到公元 531 年。他们认为剑桥大学是继不列颠王格冈梯乌斯·布拉布特拉克（Gurguntius Brabtruc）身为王子的西班牙贤婿坎特伯之后，在（公元前 4004 年）创世后的 4321 年由雅典哲学家开办的。②而根据一些比较清醒和严谨的评论家的观点，剑桥更可能兴起于公元 7 世纪盎格鲁萨克森王希格伯特（Saxon King Sigebert）在圣费里克斯（St. Felix）的支持和鼓动之下创建的。贝德③与阿尔昆④据说都是剑桥的第一代教师。关于剑桥大学的起源，还有一种更为详尽的说法，即布罗瓦的皮特（Peter of Blois）在其《伊戈尔凡编年史》续篇中的评论——剑桥大学的兴起源于 12 世纪早期克劳福德（Crowford）僧侣的迁移。关于此则叙述我们能够充分肯定的是：早在该叙述提及的日期之前一个世纪内，就有不少英国僧侣在北欧教授亚里士多德形而上学，至于其他方面的问题则还有待考证。这些令人心旷神怡的传说的最早文字记载，出现在 14 世纪，当时大学间的角逐已经引发了剑桥大学参加的那场极为庄严的竞赛，后来，又经 16 世纪的文物研究者做了进一步阐发。1590 年，在罗伯特·海尔（Robert Hare）呈交给剑桥大学的非常学究气（但现在仍然有用）的《剑桥大学特许权利》（*Privileges of the University of Cambridge*）中，坎特伯亲王扮演着

---

① 坎特伯（Cantaber），一位据说是活跃在亚瑟王（King Arthur）时代某段时期的一位西班牙王子。

② ［英］伊丽莎白·里德姆·格林：《剑桥大学简史》，李自修译，山东画报出版社 2007 年版，第 1 页。

③ 贝德（Bede），673—735 年，英国历史学家及神学家。

④ 阿尔昆（Alcuin），中世纪早期英格兰的杰出学者、教士和教育家，中年追随法兰克皇帝查曼来到欧洲大陆，协助皇帝进行文化和宗教改革，影响颇大。

重要的角色，同时还有亚瑟王（King Arthur）①、卡德沃拉德
（Cad-wallader）② 和长者王爱德华王（Edward the Elder）属下的
赢得赞誉的人物。而直到 1914 年，剑桥每年一度的赞助人纪念
仪式上，希格伯特王仍然占据着一席之地，尽管根据并不充分。
在剑桥大学档案馆（the Cambridge University Archives），可以见
到签署着 7 世纪教皇昂诺利乌斯（Honorius，625—638 年在位，
即昂诺利乌斯一世）和赛尔季乌斯（Sergius，687—701 年在位，
即赛尔季乌斯一世）名字之外的教皇训谕，虽然十分典雅，却
不能让人采信，但它们见证了剑桥大学 15 世纪早期摆脱教会权
力的斗争。

## 二　班韦尔起源

　　另外一种比较有争议的关于剑桥大学起源的学说是班韦尔
（Barnwell，也有译作"巴恩威尔"）起源说。③ 该学说的核心观
点认为剑桥大学发源于班韦尔的奥古斯丁小修道院。自中世纪
以来剑桥的学校教育就一直受教会控制。在公元 624 年，教皇
昂诺留斯一世（Honorius I）曾经颁布一个文件，声称自己可以
在剑桥学习，并赋予大学豁免来自主教和副主教管理的权力。
在 1430 年，敦威治的约翰（John of Dunwich）拒绝校长选举中
向主教宣誓，引发了一场罗马教廷的诉讼。最后迫于教皇 624
年文件以及其他有力文件的证据，主教代理在班韦尔的修道院
中宣部大学摆脱教会控制并独立。该事件中出现的 624 年的教

---

① 亚瑟王，中世纪传说中的不列颠国王，圆桌骑士团的首领。
② 卡德沃拉德（? —约 664 年），传说中的威尔士国王，凯尔特人抗击盎格鲁—撒克逊人
的领袖。游吟诗人称颂他为民族英雄。
③ ［英］海斯汀·拉斯达尔：《中世纪的欧洲大学》第 2 卷，邓磊译，重庆大学出版社
2011 年版，第 167 页。

皇谕令引发了当时剑桥大学存在可能性的讨论。另外还有其他条件，如地理环境、经济生活等进行补充说明，因此，班韦尔起源说也可以理解为剑桥大学的自然起源说。

众所周知，剑桥大学是中世纪大学中少有的几所拥有理想地理环境的大学。在罗马人、盎格鲁—撒克逊人和丹麦人定居者的建设基础上，剑桥已然成为具有战略意义的枢纽。剑桥同样是一个天然的地区贸易中心，由于剑河是穿越沼泽地区（Fenland area）的主干渠道，剑桥自然而然地成为诸如谷物等农产品的囤积地。至少在夏天，当冬季的洪水消退下去时尤其如此。《末日审判书》中关于城镇的账目显示，剑桥镇是一个庞大的自治镇，它的赋税是剑桥郡其他普通村庄的十倍。12 世纪中叶，剑桥和牛津都居住着由犹太人组成的商业团体，直到1270 年才将犹太人驱逐出镇。1211 年和 1219 年的皇家税收名单也显示，当时的剑桥镇充斥着大量潜在的富裕市民阶级，不少人还向宗教机构捐款。12 世纪时，剑桥设有语法学校，在它的周围是伊利大教堂（Ely Cathedral）（见图 1—6）和克娄兰修道院（Crowland Abbey 或者 Croyland Abbey），以及处于其门户的班韦尔小修道院（Barnwell Priory）等宗教机构，也还有一些其他地方。12 世纪 90 年代，学识渊博的大师罗伯特·格洛赛台斯特（Robert Grosssseteste）①，后来的林肯大教堂（Lincoln）主教也很可能在这里讲过学。

对于此学说，海斯汀·拉斯达尔持否定态度，他说："不过并没有证据说明，在 12 世纪的剑桥，曾经为神学、法学和医学等高级科目开办过有组织的、连续不断的教学。……所谓剑桥高等学科研习所存在于 1209 年之前的假设，就更不值得他们

---

① 罗伯特·格洛赛台斯特（约 1175—1253 年），英国高级教士。

图1—6　伊利大教堂

一晒。"毋庸置疑，在 1209 年之前班韦尔肯定存在一所小修道院学校，但事实上在 12 世纪欧洲的任何一个与剑桥规模相似的城镇都有类似的文法学校。如果把这种类型的学校视作大学生成之"内核"的话，那简直就像把达勒姆的教会学校或各种慈善学校当作是形成 1833 年成立的达勒姆大学之"内核"一样无稽。① 柯班也否定了自然起源说："剑桥并没有最适于学者旅居、产生大学的环境，它对于学者的吸引固不能成为大学产生的积极因素。"但不可否认的是剑桥在自然环境和人文环境上优于其他地区。剑桥的富裕市民较多，经济生活较为富足；地处伦敦东北部，毗邻 New Market 等新兴小城镇，剑河水运发达。离伊利教区天主教堂非常近，充分享有宗教活动自由，远离国王与教会的纷争。这些都在客观上促进了大学的形成。

---

① ［英］海斯汀·拉斯达尔：《中世纪的欧洲大学》第 2 卷，邓磊译，重庆大学出版社 2011 年版，第 167 页。

### 三 冲突起源

冲突起源说迄今为止是剑桥大学起源的主流学说，在学术界得到了普遍的认可。1209 年，由于牛津大学暂停办学使得大量牛津学者四散出走，部分学者迁往剑桥，因此也称为剑桥大学的"迁移起源说"。在本次事件的历史记录中，剑桥大学第一次面目清晰地出现在英国历史舞台上。当时正值 13 世纪初，整个英格兰的社会大环境正处于混乱之中，岛内势力分化成两派，一派坚决支持教皇英诺森三世（Innocent）的神圣统治，而另一派则誓死捍卫国王约翰的世俗权威。1205 年，史称"英格兰失地王"的约翰（见图 1—7）在坎特伯雷大主教的任命问题上与时任教皇的英诺森三世发生冲突。1208 年，教皇禁止英格兰地区开展任何宗教活动。1209 年的冬天，牛津的一位学生在城镇边界的一所寄宿舍（Maiden Hall）附近，误杀了一位姑娘，并肇事逃逸，激起民愤。当时，镇上骚动起来，市民找不到肇事者，便冲入他的住所，抓住他的两三名同学。随后，愤怒的镇民在国王的默许下将学生们吊死在镇外。1209 年牛津事件似乎成了压死骆驼的最后一根稻草，英格兰的大动荡由此开启。不久之后，英格兰的大部分地区都成了戒备森严的战场，大主教的财产被皇室扣押，而国王约翰本人则被逐出教会。在这种历史氛围下，我们不难理解为何国王会迫不及待地同意对被囚禁的牛津学者宣判死刑。与此同时，被狂怒的市民当作泄愤对象的预备修士们（指在牛津修习神学和法学的学生们）为了抗议这样的侵犯教士权利的行为，也为了保证自身的安全，选择了逃离。据民间统计，有超过 3000 名师生一起逃离了牛津。有的前往伦敦，有的前往附近的重要城镇瑞丁（也有译作里丁或雷丁）①，一部分人前往坎特伯雷，一大批人则前往巴黎继续学业。其中有一批人，包括一些剑桥本地人，逃到剑桥。他们最终定居下来，继续开展学术活动，自此标志着剑桥大学的开端。而此前，任何关于剑桥诸学院的推测都可以视为无稽之谈。

JOHN.

图1—7 "失地王"约翰

对此，拉斯达尔表示了自己的肯定，他认为："不过可以肯定的是，剑桥高等学科研习所的出现都应当归因于牛津1209 年

① 瑞丁（Reading），英格兰重要城镇，位于泰晤士河与肯奈特河汇流处，伦敦市与斯威顿市的中间。在中世纪，瑞丁城因作为几个重要修道院的坐落地以及与王室的密切联系而成为英格兰的一个文化中心。

的临时歇业。"① 雅克·韦尔热肯定地说："在英国，剑桥大学诞生于 1208 年牛津的分裂（官方承认只是在 1218 年）。"② 希尔德·里德－西蒙斯也持同一观点："这种情况确切地发生在剑桥。1209 到 1214 年间，在市长和国王下令逮捕和处死了一些学生之后，牛津的学生和教师逃离了自己的大学来到剑桥。"

尽管很多学术大家纷纷支持此学说，但其中仍有很多疑问，值得我们思考。

首先，在冲突引发的事件中，从牛津迁往剑桥的学者的目的很显然，是为了躲避牛津市民愤怒的宣泄，并非有意去创办一所大学，而且从学者迁往的地点来看，剑桥也不是唯一的目的地。故而将学者避世的迁移行为归结为剑桥大学产生的直接原因是荒谬的，这与巴黎学者旅居牛津的迁移起源在根本上是同样不成立的。

其次，在逃亡的牛津学者中部分迁往瑞丁，很显然一方面是由于瑞丁在地理上距牛津近，另一方面它是几个重要修道院的坐落地，与王室的关系也很密切。返回巴黎的学者则大都是之前从巴黎迁往牛津的学者。而为什么会有一批人迁往遥远的湿地城市剑桥，而不是离牛津较近的南安普敦、北安普敦等城市呢？笔者认为其中有两个方面的原因：第一，剑桥作为新兴物流城市，经济是日常生活主要内容，市民更多地关注贸易往来，并非纠结于王权与教会的纷争主题，剑桥也隶属于伊利教区的管辖范围，宗教环境较为宽松，有利于生存。第二，在迁往剑桥的学者中，一些人是由剑桥的本地人和东英格兰人

---

① ［英］海斯汀·拉斯达尔：《中世纪的欧洲大学》第 2 卷，邓磊译，重庆大学出版社 2011 年版，第 167 页。

② ［法］雅克·韦尔热：《中世纪大学》，王晓辉译，上海人民出版社 2007 年版，第 33 页。

(East Anglia) 构成，这也是他们选择剑桥成为迁徙地的原因。跋涉到剑桥来的那群学者，其中包括一个叫约翰·格里姆 (John Grim) 的领头人，他在 1201 年执掌了这些学校的校长职务 (chancellorship)，像其他人一样，他只是回到了家人的身边。还有一部分人是伊利 (Ely) 主教 (1197—1215 年) 的随从班底，他们也在很大程度上影响了其他人将剑桥作为学者们落脚点的决定。① 这些都说明了学者迁徙的目的是回归剑桥，而非建设大学。

的确，剑桥大学原本清晰的历史脉络由于学术研究过程中出现的诸多迷雾，而直至近年来还在遮挡着学者们求真的双眸，这不能不说是一种遗憾。目前有关大学起源的学说多种多样，但无论想证明哪一种学说的历史真实性，都需要有大量史料的支持。

---

① Alan B. Cobban, *The Medieval English Universities: Oxford and Cambridge to c. 1500*, Scholar Press, 1988, p. 54.

# 第 二 章

# 英国中世纪大学的管理

在上一章的大学起源学说中，英国中世纪的牛津大学和剑桥大学，都体现出了自发性的特点。与中世纪所有法人团体一样，在某种程度上，英国中世纪大学是按照其所享有的特权来定义的。在这些特权中，首要的和最重要的是自治权，即大学作为法人团体有权处理与外部的关系、监督成员的录用、制定自己的章程并通过一定程度的内部管辖强制实行，而其他的特权则由法人团体的成员所享有。在中世纪后期，尽管没有受到直接挑战，大学的特权也不再是绝对的了。在保障大学的豁免权方面，世俗当局开始取代教会；同时，大学的特权也受到了限制。这些影响，连同学生的人数、创办者的意图或者大学所处地理环境等因素一起，促成了大学组织和结构的形成。大学有一些分支机构，如学院、同乡会和学舍，它们是具有同样的法人团体权利的组织。这些内部团体的性质决定了整个大学的特征。

# 第一节　校级管理

## 一　外部管理

英国中世纪大学的历史充斥着其为争取自治权而进行的斗争。在经历了一段漫长的岁月之后，教会和政府才承认大学馆的自治权，而在这期间，它和市镇的关系也很微妙。大学团体最初的要求之一是招募成员的权利。在早期的学校中，颁发执教许可证的权利属于经院学者或教师，在天主教学校里属于教区的校长，他担任主教或者大主教的书写官。之前已经分析过校长职位的变化。总体来看，在英国中世纪大学早期阶段，大学校长的职位一直在内部管理与外部管理的边缘徘徊。

（一）外部管理官员——校长

校长（chancellor）也叫教长。英国中世纪大学最早的领导是主教的代理人，享有对学生和教师的绝对领导权。到 13 世纪，在大学中逐渐形成了不同的法人团体。校长便取代了主教代理人的司法权力，成为大学这个机构中的首要负责人。从欧洲中世纪大学的角度来看，英格兰的主教代理人的作用并不是很明显。一般来讲，学校的类型不同，校长的选举方式也不同，具体有两种：一种是在教师和学生中选出，另一种是在教师中选出。英国的牛津大学和剑桥大学都属于前者。

在 13 世纪，英国中世纪大学的校长监督着大学学校，处于主教的司法管辖下。在 13 世纪末期，校长由大学集会选举，每两年选举一次。他的任命先要提交给林肯主教，最终由坎特伯雷大主教批准。校长候选人必须满足下列条件才有可能当选：他必须是成年人，至少要 25 岁；必须拥有神职的身份，以对同为神职人员的学生进行司法管制；要有一定的财产基础，要承担很多开销；是一位大学毕业生，他的行为要无可挑剔。校长的任期因时因地而异。校长首先是大学的行政首领，其次是学校议会所采纳的决议的执行者，再次是特权和章程执行的监督者。校长要负责管理学校的财政，定期主持会议，负责保管文件，并在官方事务中代表学校出席各种场合。在大学里，校长最主要的职责就是维持纪律，主持大学法庭，审判并惩罚犯罪的大学人员。从历史上看，大学的司法自治权衍生于腓特烈一世①于 1155 年《安全居住法》中的一些特权。从理论上来说，所有大学成员及其附属者都免予市民的司法审判，甚至当地的宗教审判。大学成员及其附属者被视为包括学生和教师，他们的妻子、家人和仆人，以及由大学任命的外部官员，包括从事书籍整理和销售的人员，如书商、誊写者、绘图者、毕业文凭制作者、纸张供应者，等等。

1201 年，牛津大学神学教师约翰·格里姆（John Grim）首次获得了牛津学校的首领的头衔，被史学家认定是牛津校长职位的早期形式。他可在林肯主教的监督下，颁发教学许可证，并对主教辖区范围内的教师与学生实行司法管辖。②

1214 年后，这一头衔发生了变化。为了解决发生于 1209 年的牛津学者与市民之间的冲突，教皇使节于 1214 年发给牛津学者的特许状中规定了校长的职位，③ 这份特许状便是牛津大学历

---

① 腓特烈一世（Friedrich I）（约 1122 年—1190 年 6 月 10 日），绰号红胡子、巴巴罗萨（Barbarossa）。霍亨斯陶芬王朝的罗马人民的国王（1152—1190 年在位）和神圣罗马帝国皇帝（1155 年加冕）。腓特烈一世也是德意志的士瓦本公爵（称腓特烈三世，1147 年起）和意大利国王（1154—1186 年）。

② J. I. Catto, *The History of the University of Oxford*, Vol. 2, *Late Medieval Oxford*, Oxford Press, 1992, p. 39.

③ P. Kibre, *Scholarly Privileges in the Middle Ages*, Vol. 7, Medieval Academy of America, 1961.

史上首次明确提及大学校长的正式文件。该特许状效仿菲利普·奥古斯都于 1200 年给巴黎大学的特许状，明确指出了大学成员的教士身份，并给予他们教会法的保护。在这一特许状中多次提到了校长是一个新职位，是由林肯主教亲自任命，负责管理牛津大学的职位。

有些学者认为，牛津校长的职位明显模仿了巴黎校长的职位。也有些学者认为牛津大学是自发性大学，巴黎大学校长和牛津大学校长之间，虽然有相似之处，但却存在着很大的差异，而这些差异也反映了牛津大学自发性的特点。无论牛津校长的职位是否效仿巴黎校长职位，该职位对于牛津大学发展都是十分重要的，是牛津大学的本土特色之一。最初，校长职位是由林肯主教任命，用来监督牛津大学学者的代理，跟巴黎大学校长一样，是大学外部管理的权威，实施着和早期的巴黎校长相同的职能。与法国一样，英格兰的学者都有教士身份，所以都会在教会法庭接受审判。牛津的校长作为主教代理人，可以通过开除教籍和取缔教师教学许可证甚至剥夺学者特权等手段实施审判。早期校长是彻头彻尾的大学外部管理官员，而非大学中学者行会的行政官员。

在争夺大学自治权的过程中，教师们逐渐赢得了主教的同意，得以从学校自己的成员中民主选举校长。随着主教势力的减弱，教师们最终控制了选举，主教仅仅在理论上留有任命校长的权力。自此，牛津大学的校长不再是一个凌驾在学者之上，与教师迥异的官职，很快成为教师群体中的一员。就这样，在接受主教代理校长领导的同时，牛津大学的学者逐渐将校长的职位融入大学的组织结构中去。校长也不再是独立于大学外部的官员，而是作为大学领导，校长权力与大学权力融合在了一起，成为学者行会自治的支持力量和具体体现。不同于巴黎大学的校长职位，牛津大学的校长不再是大学敌对势力的代表，而是大学的一分子，是大学与教会势力之间的桥梁。因此，在牛津大学不存在校长与大学之间的冲突。再加之林肯主教距离牛津大学甚远，辖区范围太大，无心干涉牛津大学的具体事项，仅在理论上有能干涉牛津大学事务的法律权利。因为毕竟校长是主教代理人，主教有在任何时候撤销校长职位的权利。尽管主教一度坚持要控制校长的选举，但牛津大学学者为此展开了激烈的斗争，在 1367 年取得了最终胜利，教皇乌尔班五世废除了主教在校长选举中的权利。牛津大学在 1395 年获得了彻底摆脱教会司法管辖的特权。① 在多年的斗争过程中，牛津大学的校长与教师们始终站在同一战线上，担当了斗争的领导人，为争取大学的自治权，为大学摆脱教会控制付出了巨大努力，进一步加强了大学与校长的凝聚力，也为剑桥大学的自治树立了榜样。

中世纪晚期大约 15 世纪时，校长不仅可以改选，而且是非驻校的。尽管有正式的豁免权，英国的大学还是处于力量更为强大的王权的控制之下，校长终身任期，同时由他任命副校长。1484 年林肯主教被任命为牛津的校长。在剑桥大学，自 13 世纪早期以来，校长的地位和牛津相似。

（二）大学的章程

英国中世纪大学团体的第二种要求是制定规范大学内部组织章程的权利。大学需要管理学校并与外部世界打交道的官员。例如，几乎在任何时期，大学城内的市民和学者一起任命一个税务委员会来稳定和控制房屋、食品、书本的价格，以保障一

① A. B. Cobban, *The Medieval Universities: Their Development and Organization*, London, 1975, p. 103.

旦物品稀缺，能有充足的供应。在 13 世纪的牛津，教皇任命了伦敦和索尔兹伯里的主教，在 14 世纪也任命了坎特伯雷的大主教，作为罗马教皇的特权的监护人。这一时期国王的从中调停对于保留牛津学生的特权和权利至关重要。由于城镇与大学之间长期的敌对情绪，为了避免针对学者的更为激烈的冲突，国王要求郡长和镇长负责保留常规的学术自由和豁免权。再者，在 14 世纪，通过授予校长针对所有大学成员完整的司法权以及维持和平的必要权力，国王逐渐强化了校长控制大学成员的权力。在这个问题上，校长实际上履行了和巴黎的皇家特权维护者同样的职能。

另外，大学也有临时活跃于大学外部的官员。司法官是大学在教会和世俗法庭的代表，大学派遣教授担任教皇、国王和议会的特使。但如何支付所有这些费用是一个永久的问题。

## 二　内部管理

英国中世纪大学的内部管理与现代大学有很多不同之处，内部管理机构主要有同乡会和集会两种，每个管理机构都有自己的固定成员，有些学者还在多个机构拥有成员身份。另外，大学还设有一些机构外的专职官员，以辅助学校的管理工作。

### （一）同乡会

英国中世纪大学的组织中有一种团体，即同乡会（nation），也有译作民族团。[①] 它最初是在学生的努力或者学生和教师的共同努力下自发产生的，后来才被引进到新建大学的组织中。在很多大学中，同乡会扮演着一个重要角色，大学的校长往往是

---

① ［法］雅克·韦尔热：《中世纪大学》，王晓辉译，上海人民出版社 2007 年版，第 39 页。

由同乡会的领袖选举产生的，而同乡会的领袖也是学馆董事会的成员。

同乡会首先是一个独立的团体。它们在大学里有相当的影响力，有一定的组织结构。会长领导着同乡会，拥有行政和财政权力，在某种程度上拥有司法权。他们作为校长的顾问参与大学的管理。同乡会有时也有自己的财务主管。在中世纪后期，学监也任命首席信使，承担金融家、银行家、货币兑换者的职责为大学服务。由学监、财务员、图书管理员和同乡会的其他官员保存的书籍是我们获得关于中世纪大学生活知识的最主要的来源，它们给予了我们同乡会的地理、社会起源和成员日常生活方面的信息，以及财政方面的信息。学舍也提供了相似的信息。

在同乡会的管理上，牛津大学承袭了巴黎大学的模式，也设有学部和同乡会，但并不是独立的法人团体。牛津的文学部划分为两个同乡会，会长（proctors）是同乡会的领导。两个同乡会的划分是以宁河（Nene）为界，宁河以北的教师组成了名为波利勒斯（Boreales）的北方同乡会，宁河以南的教师构成了名为澳大勒斯（Australes）的南方同乡会。苏格兰人隶属于北方同乡会，爱尔兰人、威尔士人和国外学者则属于南方同乡会。[1] 北方和南方的同乡会是由各自的会长领导，会长是通过间接选举而产生的。[2]

（二）集会

英国中世纪大学作为独立的法人团体，真正合法的、具有

---

[1]　Gordon Leff, *Paris and Oxford Universities in the Thirteenth and Fourteenth Centuries: An Institutional and Intellectual History*, New York: Robert E. Krieger Publishing Company, 1975, p. 98.

[2]　Hastings Rashdall, *The Universities of Europe in the Middle Ages*, Vol. 3, Oxford Press, 1936, p. 57.

代表性的行政权力属于全体集会（general assembly）。基于大学的组织结构，全体集会主要是由教师、教师和学生或仅有学生的三种形式构成，并由校长主持召开。与欧洲大陆的大学相比，英国中世纪大学的另一显著特征，是集会中非常任教师（non-regents）① 的独立地位。在发展初期，大学的章程和其他一些重要的法令中就有非常任教师出现。在大学集会的时候，他们是作为一个独立的群体来投票的。当然，选举权和事务管理权主要还是被常任教师（regents）长期把持着。

　　牛津大学有三种不同的集会，第一种是文科常任教师的集会——"黑衣大会"（Black Congregation）。该集会的主要职能是举行文科学者就职礼，选举同乡会会长。此外，该集会还初步讨论、制定大学章程。第二种是除文学部以外常任教师的集会——"少数人议会"（Lesser Congregation）。这个集会负责管理大学的财政，处理所有教师的讲座、学习与学位有关的事项，特别是学位的授予。第三种是全体常任教师和非常任教师共同参与的集会——"大集会"（Great Congregation）。该集会是牛津大学最高权力机构，有制定、废除和修订大学章程的权力。在大集会上，全体与会人员按所属学部投票，任何章程都必须获得全部四个学部常任教师和非常任教师的一致同意后方能通过并生效。②

　　除了全体集会之外，还有在学院、同乡会和学舍这些所有同等水平的大学组织形式中的集会。其章程中记载的程序只有

　　① 在巴黎大学和牛津大学中，教师类型都有常任教师（regents）和非常任教师（non-regents）两种。根据惯例，硕士和博士在获得学位最初几年内，必须在大学里任教，他们是正式在大学中教学的教师，称为常任教师；规定的教学年限过去之后，他们可以自由选择继续留在大学里任教还是离开，所以称为非常任教师。

　　② Hastings Rashdall, *The Universities of Europe in the Middle Ages*, Vol. 3, Oxford Press, 1936, pp. 63 – 65.

细微的差别。随着时间的推移，有一种普遍的减少全体集会的活动倾向，并把当前的事务和决定交给由一小部分领导官员组成的议会来处理。就如牛津大学的三个集会，文学院的摄政教师组成的黑色或者预先集会，为了文学学位的获得和提前讨论计划的大学章程而组建；所有学院中摄政教师的"小集会"，主要讨论财政控制、讲座、学习和毕业等相关问题；所有教师，无论其摄政还是非摄政都必须参加的全体集会，这种集会后来被称为大学评议会，并按照 1303 年的程序，由全体教师投票制定大学章程。在 1303 年的会议上，全体与会成员提出并通过了学院进行压倒性多数选票投票，以及非常任教师单独投票的规定，这便是大学中的最高级别法庭。有关三个集会的组织结构会在后面进行具体说明。

（三）内部管理官员

除了大学的高级官员和同乡会、学院和学舍的官员之外，也存在其他常设的或者临时的官职——也承担管理的职责，但它们既不属于教师团体，也不属于学生团体。由于规模和财富的不同，它们的性质和数量在不同大学也各不相同。起初它们的角色很受限制，但随着大学的发展，需要大学之外的有能力的官员来进行健全的管理。

执礼杖者（见图 2—1）是高层的管理者，他们的职位几乎和大学一样古老。在公众印象当中，执礼杖者地位要仅次于校长，在完整仪式中，执礼杖者必须携带有装饰的权杖，这也是他们官职的象征。牛津大学在校长下设有 6 位执礼杖者，他们负责在集会上收选票，宣读必修课程的材料和拟定的预售书单。执礼杖者主持讨论，同时负责保管毕业生的花名册，还要在会议期间宣读公告以及新章程的法令。在平时，执礼杖者负责向学生收取学费和罚款，记录受审和要被监禁的人员的情况，并

公布学校法庭的开庭时间。另外，执礼杖者作为看守人，还要
负责保管学校的公共财产。每一个大学都有一个总执礼杖者，
同时往往有几个次级的执礼杖者，他们隶属于教授、学院和同
乡会。执礼杖者赢得了学术团体的尊敬，他们是大学城的居民，
他们和他们的妻子也被赋予了大学所具有的权利和特权。他们
的薪金主要来自特殊的捐款。

**图 2—1　执礼杖者**

除此之外，还有速记员、口述者，制作书籍的制版者、抄
写者、校对者、饰画者、扎书者、缝订者等，所有这些人或多
或少附属于校长或者副校长。

（四）财政管理

英国中世纪大学内部的每一个社团都有自己的预算，但是账簿很简单。如大学的物质基础一样，财政数额很小。财政资源和需要差异大，随着时间的流逝，这种差异变得越来越明显。大学和同乡会中所保存的相当稀少的记录为我们打开了洞察他们资金运营的一扇窗户。大学的收入来源既有来自内部的，也有来自外部的。内部收入来源是入学和毕业的学费、恩典录（graces）和其他施与、从同乡会收取的钱和征集款。外部的来源是教会的捐赠，国王、公爵或者市民所付的薪水、捐赠和助学金，为了大学的持久维持而给予的赏赐和捐赠。大学开支也很有节制。很多预算用于节日、宴会、招待宾客、日常的行政花费或者旅行花费。法律诉讼也占去了部分的预算，而且在中世纪末期，相对于学术的预算优先考虑的是大学的设施和其他财产的维护。教师的薪水通常不是由大学来支付。大学官员通常不被支付薪水，但可以享有征集款的一部分、罚款的一部分和开支津贴，以及实物形式的捐赠。

征集款是每年对大学生征收的款项，一年一次或者一年两次，是用来支付大学的一些官员，如执礼杖者、学监和教师的薪水以及一些日常的大学开销。到了中世纪末期，学生出的征集款很少，但是考试费和毕业费，以及送给教师和执礼杖者的礼物，对于候选人而言都是一种负担。在 15 世纪后半叶，章程对必须缴纳的学费进行了规定和限制。

大学一部分的财源是通过大学法庭对违反大学章程、纪律标准、疏忽职责等行为实施罚款来提供。很多章程精确规定了罚金的等级。征集款和罚款由执礼杖者或者收税人收缴。

在英国中世纪大学里，学监是主要的财政官员。现存最早的学监账目日期是从 15 世纪中期开始的。牛津大学的收入来

源，以逐次递减的顺序，来自学位费用、恩赐、城市财产的租
金、由英斯汉姆和奥塞尼修道院为救济贫困的学者和文学院摄
政教师的救济款、罚款、牛津文法学校的收入，以及各种各样
的小额款项。大学的花费包括：每年招待毕业生的大量费用，
每年度分配给摄政教师的薪水，为听众预备的宴席；给校长、
学监和仪仗官的各种津贴；偿还若干租金、付给记录员和牧师
以及图书馆员的工资；付给圣玛丽教堂教区文书的费用；款待
巡视的皇室成员的费用；与大学特权的批准有关的费用；以及
不同的建筑项目的支付款额。①

（五）房产与学术徽章

在中世纪后期，随着学生人数的增长，英国的大学停止了
迁移，因此，大学也获得了建筑和动产。随着学生人数的增加，
他们当中的一些人很年轻，也很贫穷。随着时间的推移，为他
们提供住宿就变得越来越必要。学舍建筑物在各处出现，但更
多的是出现在有着大型文学院的大学中。牛津和剑桥都有杰出
的建筑范例。英国的大学在建成正式的大学建筑方面很超前。
第一座由大学计划筹建的大学建筑物是牛津的集会大厅。它是
约于1320年由伍斯特的主教托马斯·科伯汉姆捐赠修建的。其
他较为重要的建筑包括了神学院的建筑和其他学院的建筑，所
有这些都合并成了现在的牛津大学图书馆。与之相似，剑桥的
大学建筑项目——四方形校舍在14世纪末和15世纪耗费了大
学的资金，慈善家的捐赠已经不能满足大学的需求了。

牢固的石质建筑刺激了大学、同乡会、学舍建立起图书馆。
这些使得牛津的集会大厅和神学校、剑桥的一些建筑，拥有的

---

① Alan B. Cobban, *The Medieval English Universities: Oxford and Cambridge to c. 1500*, Scholar Press, 1988, p. 86.

藏书在不断增加，它们来自捐赠和遗产、罚款，也有小部分是通过购买获得的。

学术徽章是大学馆的形象和特征，通常通过它的服饰、徽章和节日表现出来。大学活动交流的复杂多样，使得其典礼或仪式需要统一的秩序或符号。集会、就职仪式、考试、开学、司法程序、讲座、神职服务，甚至在进餐和节日都会看到特定的仪式顺序，包括讲演、手势、物品、音乐、灯光、家具、规定的服饰式样。大学的徽章包括相当广泛的象征性物体，它们在不同时间内以很多方式被学术团体的不同成员使用，包括权杖和节杖、手链、戒指、图章、圣餐杯、钥匙和法律书籍、长袍和帽子。权杖是自治权尤其是校长的司法权的明显象征。在教授和校长面前，执礼杖者要携带不同尺寸的节杖。

学者服饰源自世俗教士的装束，最初的教师和学生都属于世俗教士。牛津和剑桥的神学家身着黑衣，浅绿黄和血红色是医学院的颜色。牛津大学的副校长穿红色的裘尼克袍，他宽大而摇摆的袖子用灰色的毛皮镶边，作为头饰的是一顶窄边毡帽。在1350年，神学教师被规定穿克劳斯罩袍（见图2—2），头戴黑色圆毡帽。教会法博士的全部服饰是一件黑色的克劳斯罩袍①，公民法博士是红色的，医学博士是绯红色的。文学硕士身穿一件黑色的闭合斗篷，后来是无袖的宽松长袍，他们被禁止戴毡帽，因为戴毡帽的权力被认为是博士所专有。

---

① 克劳斯罩袍（cappa clausa），带连颈帽的松散斗篷前面留有一个孔可以露出脑袋，是13世纪引入作为教士的户外服饰。后来，这在博洛尼亚、巴黎和牛津成为大学的服饰，至少成为博士和硕士的服饰。到14世纪，这种服饰已经获得了它自己的设计和剪裁特点，但颜色标志直到后来才被意识到。

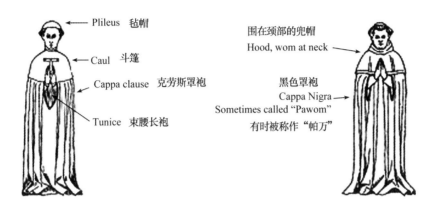

图 2—2 克劳斯罩袍

# 第二节 院级管理

像牛津大学和剑桥大学本身一样，学院在英国中世纪大学发展中也有着悠久的发展历史。但在最初，学院并不是唯一的院级机构，还有会堂这种形式的组织机构，而且出现的时间较学院更早。虽然同为大学名下的独立机构，但在经营理念和管理方法上还是有着微弱的差别的。

## 一 院级机构

### （一）会堂

13 世纪早期，牛津出现了会堂。最初，会堂并非为了资助贫困学生而建，而是向学生收取费用的住所。会堂没有精致的结构与装潢，对大学里任何能够支付膳食费用的人员开放。如果学者不喜欢会堂的伙食、风格或声誉，随时可以换到另外一所会堂中去居住。会堂由一位教师负责管理，并接受大学控制。

校长每年都要重新任命会堂负责人。会堂有专门的伙食承办人，负责提供食物。会堂的居住者要按周缴纳一定的费用充当会堂的公共经费，还要支付伙食承办人以及其他服务人员的费用。会堂服务人员在每学期初都要宣誓真诚地为学者们服务。牛津有两种会堂，一种是文学学者的会堂，另一种是法学学者的会堂。文学学者的会堂接收那些已经获得文科学士学位，正在读高级学位的学者。法学学者的会堂只接收法学部的学者，因为学习法学的学者大都来自富裕阶层，有足够的资金支付会堂的膳宿费用，所以在牛津大学，法学部是唯一能够为自己学部的学者提供膳食场所的学部。这两种会堂大多散布在学校周边。法学学者的会堂坐落在圣·爱德华（St. Edward）教堂附近，文学学者的会堂则位于圣·玛丽教堂西北部。一般的会堂都有4—8个起居室，是两层的复式建筑。在学院出现之前，会堂在13、14世纪的牛津大学占有重要的地位，是绝大多数学者的居住场所。

（二）学院

12世纪末，巴黎大学出现了最早的学院（college）。13世纪下半叶，学院在牛津和剑桥也得到了发展。[1] 作为新形式的学者居住场所，学院是自治的法人实体。不仅有稳定的捐赠，而且有自己的章程、特权和徽章。[2] 学院并非单纯是早期会堂的更新形式。在第一所学院建立之初，大学就已存在并发展了一百多年的时间。起初，牛津大学的学院在学校中的地位不如巴黎大学，然而学院后来却发展成为英国中世纪大学中最独特的机

---

　　[1]　Hilde de Ridder-Symoens, *A History of the University in Europe*, *Volume I*: *Universities in the Middle Ages*, Cambridge: Cambridge University Press, 1992, p. 60.

　　[2]　A. B. Cobban, *The Medieval Universities*: *Their Development and Organization*, London, 1975, p. 123.

构。与巴黎大学一样，牛津大学最初的学院只是由私人捐助的、为无力承担食宿费用的学生提供膳食的、带有慈善性质的机构，是为了少数生活困难的贫穷学者而修建的。但与巴黎大学不同的是，牛津大学的学院主要接收毕业生。这便是后来学院在牛津大学和巴黎大学走不同发展路线的根本原因。得益于学院的资助，学院成员均获得了较大的学术成就。在他们当中产生了很多著名的学者，在各自领域的工作中成就非凡。

很多研究认为，在 14 世纪之前，在英国中世纪大学中，会堂和学院之间基本没有差别，而且很多早期的学院都被命名为 Hall 或 House。但事实上，学院在诸方面都不同于会堂。学院的创建目的不同于会堂。会堂的主要目的是给学生提供食宿。学院的创建或者是出于宗教目的，或者是为了促进学生们的学习。出于不同的目的，学院从 13 世纪后期开始，在牛津大学和剑桥大学得到了长足的发展，而会堂由于存在明显弊端则逐渐走向衰落。

至于第一所学院产生的时间，由于年代久远，资料有限，而且建立之初记录不完全，我们无法知晓准确的时间。当然，牛津大学官方认为他们的大学学院（University College）、巴利奥尔学院（Balliol）、默顿学院（Merton）是最早的一批学院。剑桥大学的第一所学院则是彼得豪斯学院（Peter House）。

## 二　牛津大学早期学院

### （一）大学学院

直到 19 世纪末期，一些人仍然认为，大学学院成立的准确时间是在公元 872 年，是由阿尔弗雷德大帝创建的。1872 年 1 月 12 日，学院举行了隆重的千年大典。然而事实上威廉·达勒姆（William of Durham）才是真正的创建者。他在教会的地位被连续提升，这给他带来了可观的收入。身为万尔毛斯（Wearm-outh）修道院院长的他，在临终时已经拥有很多的财产。1249年，他在回家途中死于鲁昂（Rouen）。在遗嘱中，他捐赠给牛津大学学生的支付租金和购买住房的经费高达 310 马克。所以，很多人认定大学学院创建于 1249 年。事实上，直到 1253 年，大学当局才购买了第一栋房子。最后一次动用这笔钱购买房屋是在 1270 年。从 1256 年至 1263 年，大学学院已经在管理上制定了很多法令。然而，为了实践创造者的意志，学院管理仍需要有更明确的规定。因此，在 1280 年的时候，学院成立了委员会，负责调查威廉·达勒姆捐赠资金的使用状况，同时也负责制定规章。在 1280 年的规定中，由于缺乏收入，学院只为 4 名文学硕士提供经费。他们首先必须品学兼优，一般从神学部中选取。选择的最重要资质，是他们愿意献身宗教事业。此外，他们还必须是没有足够的经费资源来成功完成硕士学业。另外，规定还要求 4 名成员在未来进入社会职场时，也应服从大学，并且至少有一人成为一名牧师。因此，大多数学者认定 1280 年法规是大学学院正式成立的标志。

（二）巴利奥尔学院

巴利奥尔学院的建立要归功于两个人，即约翰·巴利奥尔（John of Balliol）和他的夫人德沃吉拉·格罗威（Lady Der-vorguilla of Galloway）。在 13 世纪 60 年代，约翰·巴利奥尔在牛津大学附近郊区的圣玛丽莫德林教堂（St. Mary Magdalen）租了一套房子，为 16 个贫困学生提供住宿，他们每人每日缴纳 8 便士。这间宿舍是巴利奥尔学院的前身。在 1266 年 1 月的一个皇家法令中，国王亨利三世下令英国牛津市市长给约翰·巴利奥尔 20 英镑，补贴他的宿舍。该宿舍坐落在豪斯蒙格大街（Horsemonger Street），在当时名为"Old Balliol Hall"或者

"Sparrow Hall"。在这个时期，学院还不能被称为一个合法的团体，因为它没有财产，没有印玺，没有章程。自 1269 年开始，在 10 年的时间里，因为没得到新的捐赠，学院的情况一落千丈。约翰的遗孀德沃吉拉帮学院走出困境。她投入了大量的资金和精力，真诚地对待学院的学者。她还帮助该学院得到不少地产。1282 年前后，经她提议，学院的代理拟定了学院的第一部章程，使得巴利奥尔学院的管理制度得以建立。

（三）默顿学院

在同一时期的各学院中，默顿学院是最著名、最有影响力的一个。它的创始人沃尔特·默顿（Walter de Merton）曾担任过两届英国大法官。在 13 世纪中叶，沃尔特在萨里（Surrey）给他年轻的亲戚们买了一些房产和地产，以支持他们在大学学习。1264 年，他给学院制定了首部章程，并给牛津大学购买了地产，被称为"House of Scholars of Merton"。根据该章程，学院接受学生的数量控制在 20 人以内。创始人的亲属和温彻斯特主教区的学生享有优先权。这些学生穿一致的衣服，并住在一起。院长每年发给他们 40 先令的津贴。因为有了这个章程，默顿成了一个自主的、独立的世俗社团。其成员享受共同财产，接受共同管理，有共同的学习目标，遵守共同的规则。所以，如果从学院不只是提供住宿的意义来看，牛津大学最古老的学院便是 1264 年成立的默顿学院。默顿学院的运营模式和章程在后来的一个多世纪中被其他学院广泛地接受和效仿。1274 年，沃尔特制定了最终的章程，位于萨里的学生也搬到了牛津，这标志着默顿学院的最终确立。

（四）修士学院

随着宗教秩序的缓慢发展，牛津大学的托钵僧也在逐渐发生着变化。在托钵僧人越发强烈的知识追求和因此而赢得的声望以及影响力前，古老的神学理论相形见绌。与此同时，传统的宗教生活由于不重视知识的学习，受到了世俗民众的指责。在此情况下，修道院决定在一定的范围内采取变革，以挽回修道院的声誉。

1279 年，本笃会修道团体在阿宾顿举行了重要集会，会上集体讨论通过了一条关于在坎特伯雷辖区实行的法令。该法令规定：所有本笃会辖区的南部修道会要将获得的收入以每马克 2 便士进行赋税缴纳，用以供养第一批本笃会修道团的修士在牛津大学创设一所具有研究性质的学院。4 年之后，布利姆斯菲尔德的约翰·吉法德爵士（Sir John Giffard），将一所原本规模很小的修道院扩建成格罗塞斯特学院（Grocester College），为来自格罗塞斯特圣·彼得（St. Peter）修道院的 13 名修士提供膳宿，以便他们在此学习。1291 年，该学院已经开始向本笃会修道团南部辖区内所有的修士开放。自此，格罗塞斯特学院便成了一家独立的学院，学院的院长也不再受格罗塞斯特修道院院长的直接管辖。据本笃会修道团的普通法令所述，格罗塞斯特学院的房产由民主选举出来的负责人，遵循章程规定进行治理，而且南部辖区的每一所本笃会修道院都必须派至少一名学者到格罗塞斯特学院进行学习，修士们所有的日常开支都由各自团体承担。这种由修士团体资助修士学生的习惯在牛津大学可谓源远流长。至今，沃塞斯特学院（Worcester College）的古建筑墙壁上仍悬挂着英国几个主要修士团的徽章。

（五）奥里尔学院

奥里尔学院，是牛津大学历史上成立的第五所学院，地位仅次于默顿学院，甚至连学院的首部章程也是照搬默顿学院。1324 年年初，牛津大学圣·玛丽教堂的首席牧师亚当·德·布洛姆获得了教堂附近位于牛津高街南侧的一处名为泰克利旅馆

(Tackley's Inn) 的房产，于是便在那里建起一座旨在接纳研习神学和辩证学学者的学院。一年后的 1 月 1 日，国王收回了这所学院的房产，并对学院屋舍重新修建，因此，国王便成为了学院名义上的创始人。此外，国王亲自安排任命牛津大学校长作为奥里尔学院的巡视人。由于拥有圣·玛丽教堂的资产保管权，奥里尔学院获得了稳定而且充足的经费来源。反之，学院是为教堂服务的，学院成员还可以参加教堂圣乐团。奥里尔学院原始章程是国王于重建当年所制定的，但不久以后便由学院重新起草，后又经爱德华三世（Edward Ⅲ）和主教一起认证，确立了新的章程。这一举动对于奥里尔学院的发展是很有必要的，而在新章程中最为重要的改革规定，就是将国王赋予牛津大学校长的巡视人职位的权力转让给林肯主教。依据学院的章程，奥里尔学院可以拥有一位教务长，至少 10 位已获得文学学士学位的学者。并且这 10 位学者在获得文学学位之后，7 位必须继续研究神学，3 位则要修习民法或者教会法。相对于默顿学院，奥里尔学院规模甚小，因此不需要太多学监。事实上，依照学院章程中的规定，奥里尔的学监仅有一位，因此该职位亦成为学院里仅次于教务长的第二负责人。由于以上诸因素的影响，奥里尔学院作为独体的法人团体，比默顿学院更具有彻底的英式学院的自治性。奥里尔学院的全体成员均可以参加学监的推选和学院事务的日常管理。事实上，奥里尔学院也有某些仅限于高级成员才能担任的职务，在牛津大学后来的诸多学院中，绝大多数学院也都由元老级成员（senionty，剑桥的惯常用法）进行日常事务管理。但是，唯独在选举学院教务长和决议使用学院工会徽章时，按照牛津大学的管理，学院仍要得到全体成员的共同决定。其他方面的管理，比如制定新章程，则仅由教务长和 10 位资深的共同体成员，在巡视人的认可下共同执行。

1327 年后不久，奥里尔学院又迁至一幢新屋舍，该屋舍是由国王爱德华三世同年提供的。这所新建筑名叫黄莺（La Oriole）。如今，这个名称甚至已经取代了它的正式名号——牛津大学圣·玛丽教堂学者屋舍。古老的圣·玛丽教堂主座神父住所则被租给了一位教师。虽然这栋房子与奥里尔学院的屋舍相连，但其仍旧是一幢独立屋舍。直到 1902 年，它才并入奥里尔学院的围墙内。除了圣·玛丽教堂的建筑以外，爱德华三世还给予奥里尔学院一所老旧的圣·巴塞洛缪麻风病医院的房产。

（六）埃克塞特学院

埃克塞特主教、英格兰人沃尔特·德·斯特普尔登（Walter de Stapeldon）于 1314 年创建了埃克塞特学院。埃克塞特学院的资产主要来源于捐赠财产，包括两座首席牧师寓所和康沃尔郡一英亩的土地，已送给该学院的院长和教士管理，用于学院的运营经费来源。学院里有一位拥有学院牧师身份的学者，他同时参加神学和教会法的学习，另外还有 12 位选择从埃克塞特主教区选拔出来的学生，学习文学。这 12 名文学学者彻底放弃原有身份，直到花两到三年的时间完成文学学士的学习生涯。埃克塞特学院的成员几乎都是人文学者，但相比在牛津大学的其他学院，它在除资产管理以外的其他所有日常事务上甚至拥有更高程度的自治权。学院教务长是由学院学者自己选出的，但任期只有一年。学院的创始人沃尔特·德·斯特普尔登是位宗教法的学者，他的民主概念是在研究博洛尼亚大学和其他南方大学的章程中想到的。埃克塞特学院的奖学金由学院自己设置，申请者仅限于有当地居民身份的人，而学院牧师的职位是一个例外，是由学院的教务长和教师在全体大会上提名。埃克塞特学院长期执行上述规定，直到 1877 年大学委员会成立后才进行过第一次改革。埃克塞特学院的学者最早住在哈尔特厅（Hart Hall）和亚瑟屋舍（Arthur House），即今天的赫特福德学院（Hertford College）的位置。但在成立后不久，埃克塞特学院赢得了三间屋舍，取代以前的旧屋舍，从真正意义上确定了埃克塞特学院的成立。虽然院方没有直接委托管理学院的创始人在康沃尔的固定资产，但牛津的房子最终归属于牛津大学埃克塞特学院。1566 年以后，学院教务长被定位为一个终身职位，学院在本质上颠覆了当时已经被人们广为认可的牛津大学默顿学院章程。除牧师之外，埃克塞特学院没有其他神学职位，直到 1566 年，威廉·彼得雷（Sir Willam Petre）建立了一个新的基金，改变了这样的情形。

### 三　剑桥大学早期学院

#### （一）彼得豪斯学院

彼得豪斯学院是剑桥大学第一所世俗学院，比牛津大学早期学院的成立时间稍晚。彼得豪斯学院的创始人公开宣称学院的成立是建立在模仿牛津大学学院基础之上的。大约在 1280 年，第一批世俗学者在伊利主教休·鲍尔舍姆的指引下，定居到圣·约翰会堂。伊利主教一直致力于撮合世俗与教会的学者，让他们互相接纳对方，并在同一屋檐下生活。但不幸的是，伊利主教付出的多次努力都没有收到预期效果，反而带来了副作用，与原本理想的初衷背道而驰。主教决定，在 1284 年将两大团体的学者隔离开来，并分给双方会堂的财产。世俗学者获得了除特兰平顿门以外圣·彼得教堂的所有财产。自此以后，该世俗团体则在剑桥大学以圣·彼得学院或者彼得豪斯学院之名成立，当时被世人称为"伊利学者团"。

在世俗和教会学者分离后，圣·彼得教堂附近有一些旅馆为伊利学者团提供了居住的场所。后来，伊利主教为学者们捐赠了一笔款项，用于兴建学院的屋舍，并于1286年开工建设。尽管饱受岁月的侵蚀，学院的屋舍至今仍然屹立。在有了自己的房产后，彼得豪斯学院才最终得以将之前从圣·彼得教堂获得的财产安置好。1307年，该学院又从一个偶然的机会得到了另外一批房产。一个名为布袋会的教士团（Friars of Sack）在彼得豪斯学院旁边有一处房产，因1274年被里昂宗教会议判处了死刑，该团的教士纷纷逃离修道院，其房产也划归彼得豪斯学院。最初，创始人伊利主教的办学理念传承巴黎的大学学院建设的传统，承诺给创建学院的成员的子嗣提供特权。但后来在1338年，西蒙·德·蒙塔丘特（Simon de Montacute）主教取消了该特权。这一变化毫无疑问应归功于牛津大学默顿学院在建立默顿章程时，为英国学院制的发展带来了决定性的影响。但在取消学院元老成员后裔的特权的同时，特意为自己保留了批准学者当选学院职位的最终许可权。此外，身为高级教士的蒙塔丘特主教为彼得豪斯学院章程制定了第一版法则，经修订后于1344年出台。该法令包括彼得豪斯学院的介绍，很显然这是受默顿学院章程的影响。当然，彼得豪斯学院仅仅以默顿学院章程作为模板。彼得豪斯学院的组织成员包括：教授1名（或监管人，master or warden），学者14名（scholar），学院教堂唱诗班成员3名，以及若干侍者，都是贫穷的文法学童（grammar-boy），在学院从事服务工作。居住在彼得豪斯学院的学者们必须至少拥有一个文学学士学位，并选择继续攻读文学硕士学位，以便将来进修神学。另外，还有两个名额提供给选择继续学习教会法或民法的学者，有一个名额提供给学习医学的学者。曾经有一段时间，彼得豪斯学院的学者被允许在牛津大学注册学籍并进修，这一点有力地证明了牛津和剑桥两所大学在14世纪时已经在教学上有非常密切的联系。此外，彼得豪斯学院的章程还有另外一点值得我们关注。在 14 世纪，彼得豪斯学院的奖学金已显示出了分布于很多教区的特点，而其他大部分学院体现出自身特点的具体时间都稍晚。鉴于牛津大学默顿学院的章程已经成为众学院效仿的模板，享有"剑桥大学默顿学院之美名"的彼得豪斯学院章程也有着类似详细的规则。

（二）三一学院

贝特曼主教在 1350 年担任冈韦尔主教的职务之前，已经建立过一所学院，有一定的管理经验。在一开始，贝特曼主教将该学院命名为"诺维奇圣三位一体学者学院"（The College of the Scholars of the Holy Trinity of Norwich），简称三一学院。与此同时，贝特曼主教已经将其座下的教会学者安排在一所住着伊利僧侣的屋舍里。他之所以能做出这样的安排，完全仰仗于贝特曼主教有在伊利教区不受其他监管人的制约，有任意开展学院管理工作的自由权利。在建立之初，三一学院的办学宗旨是为学者提供一个专门学习和研究教会法与民法的地方，招收任何拥有文学学士学位的学者。当时学院一共招收了 20 名学者，其中包括 10 名研习罗马法民法的学者，7 名研习教会法的学者（教会法学者进入学院的头一年就可以获得神父的学位），另外，还有 1 名研习教会法的博士，在学院生活期间继续攻读剑桥大学的神学学位。虽说计划如此，但毕竟学院资金有限，不能满足如此众多学者的日常生活所需。实际上，贝特曼主教所制定的章程中最大的特色便是在于学院给学者提供的慷慨的生活津贴以及学院建筑内部的奢华装饰。在当时，牛津大学默顿学院或剑桥大学彼得豪斯学院的学者，每人每年得到的学院津贴仅有 50 先令。在三一学院，在学的学者除去节假日的学院特殊补贴外，每人每年还能按他们的学位而获得 6—8 马克的生活津贴。这样算来，三一学院的博士学者每年获得的生活补贴大约是彼得豪斯学者的 3 倍。其中一方面原因在于贝特曼主教的观念，他无论如何也不希望学院的学者们被人们看作是被救济者或禁欲主义者。不光如此，学院的创始人还慷慨地给教会法学者们，即年轻的神父们配备了上层社会人士才配拥有的侍者。这些从事服务工作的人员包括：1 名伙食管理员或称作膳食配给员、1 名面包师兼酿酒师、1 名专职的厨师以及 1 名助理面包师。在房产和人员配备齐全后，教皇赋予了剑桥大学校长巡视三一学院的权利，仅在某些特别事务的问题上，需要由大学训导长、学监以及两位博士共同帮助大学校长来处理。另外，需特别注意的是，三一学院的巡视规则在实质上是与冈韦尔学院、克莱尔学院以及圣体学院彼此相一致的。

（三）冈韦尔学院

1349 年，时任伊利教区主教代理的埃德蒙德·冈韦尔创立了一所拥有 20 位文学学者和神学学者的学院。比起当时已经享有英国国家大学美誉的牛津大学，剑桥大学的声望则更带有地方色彩。很多剑桥大学的学院都是创立于威克利夫运动期间。当时很多英格兰东部地区的居民，不满牛津大学充斥各种异端思想的状况，捐资办学，在剑桥大学建起了很多学院，冈韦尔学院就是其中比较有代表性的一所学院。冈韦尔学院的首部章程在出台一年后，学院的创始人就撒手人寰。当时学院的建设工作尚未完工，剩余的建设任务便交给了冈韦尔教区主教遗嘱执行人诺维奇主教威廉·贝特曼（William Bateman）。贝特曼来自阿维尼翁宗教法庭，是剑桥大学培养的一位杰出的圣典学者。在他的监督和治理下，冈韦尔学院成员重新修订了学院章程中的各项法令，并鼓励学院学者研习贝特曼提倡的宗教法研究。在冈韦尔学院的新法令体系下，学者在完成必要的人文学科的课程任务之后，均可自由选择从事与神学、教会学和民学相关的研究工作，允许 2 名学者进行医学方面的研究工作。冈韦尔学院的特别之处还在于教会对其进行了再一次的洗礼，并将其重新命名为"十月天使学院"（College of Annunciation）。在经历了 1351 年的重建后不久，冈韦尔学院便从原址勒斯伯恩巷，也就是今天的免费学校巷（Free school Lane），迁至现今的地址。在当时，冈韦尔学院的新屋舍所处位置是属于圣体学院的创始人贝特曼主教的一片屋舍，与他名下建立的其他的学者组织的房产很近。在建立之初，冈韦尔学院只设有 1 位监管人和 4 位研究员，随着后来一系列的捐赠和赞助，学院的规模也就不断扩张开来。在 1558 年，冈韦尔学院得到了重建，出资人是一位在亨利八世时期非常著名的内科医生盖迪斯博士（Dr. Gaius），他同时还是最早的剑桥文物工作者。自此以后，学院更名为"冈韦尔与盖迪斯学院"，一直沿用至今。

（四）圣体学院

虽然贝特曼主教名下的 2 个基金组织都是在欧洲发生黑死病后创建的，但是所有的历史文献资料都表明了这位伟大的圣典学者在对待生活和工作上的态度。除了对基督教会的热情和积极办学以外，他既未受到任何极端的宗教热忱的影响，也非单纯致力于瘟疫过后通过办学培养年轻教士以重振教会。不过，从一定程度上讲，后一因素确实能够体现出贝特曼主教的建院动机。之所以将学院命名为"圣体"，就是为了悼念所有在黑死病爆发中丧生的基督教徒。尽管人们曾一度更乐于称该学院为"圣·贝内学院"（Benet College），以此来标明学院的创始者。同一时期，牛津大学和剑桥大学名下的诸多下属学院组织成立的原因也是由于肆虐欧洲甚广的黑死病。就如今日"圣体学院"这个早已闻名遐迩的学院名称所标识的一样，于 1352 年建立的圣·贝内学院恰恰是得名于当时剑桥城中最有声誉的一个宗教慈善行会——"圣体与万福圣母会"。圣体学院的屋舍坐落在圣·贝内教堂旁，该教堂后来也被划归为学院的房产。当然，学者也要在教堂从事服务工作。在最开始，圣体学院的1名教授和2位学者必须向"圣体与万福圣母会"继续履行礼拜堂神父的所有义务。换句话说，他们在学习的同时还要主持行会成员的葬礼。由于有学者和神父双重身份的原因，圣体学院的学者在每天祈祷时，还要承担吟唱弥撒的责任。在英国中世纪的学院中，弥撒是一种十分罕见的责任。得益于私人捐赠的持续增长，圣体学院在规模上不断扩大。学院的巡视权由剑桥城镇议会的议员和"圣体与万福圣母会"的6位会员，连同剑桥大学校长一起行使。

# 第 三 章

# 英国中世纪大学的教学

英国中世纪大学是学术发展和知识积累的产物及其制度化的表现方式。英国中世纪大学的教学活动与学术进步有着密切的关系，一方面它延续了英国古代教育的某些传统和特征，另一方面也在很大程度上体现了 12、13 世纪时的学术活动和特征。从 11 世纪至 12 世纪中期，英国中世纪大学的教学内容主要是沿袭古希腊特别是希腊化时代后期及古罗马的教学内容。

## 第一节　文学院

比起西欧其他国家，文学院在英国中世纪大学则有着更加重要的地位。文学院的学者数量众多，教师和学生所构成的群体非常庞大，当然需要的教学资源也相对较多，因此，教学环境比较简陋。教师都在一个课本稀缺、教室租借的环境中教学是中世纪大学的寻常情景。但是中世纪大学统一用拉丁语作为教学语言，这就使得一群来自欧洲各地的学生可以聚集在一起共同学习。虽然诞生在知识氛围浓厚的文化中心城市之中，有着便利的交通条件和自由的氛围，但是初期大学组织和设备都极为简陋，永久性的学校建筑非常稀少，既没有什么实验室、图书馆、健身房、操场，也没有环境良好、风景优美的校舍和合适的教室、教学大楼。大学图书馆直到十四五世纪才开始出现。教师上课有时会在自己的家里，有时会在租来的房屋中进行，有些甚至连教室也是租用私人的房子，因此是不固定的。房间大小不一，规格各异，窗户很小，光线不足。游学的学生从遥远的地方前来听取著名教师的诵读或讲解当时的名著。

但中世纪大学在简陋的环境中却形成了富有特色的教学制度。其中，不同的学科虽然在教学内容上有很大的差异，但在教学方法上却大致相同。教学活动既程式化又生机勃勃，主要的教学方法有讲授和辩论两种。

在西欧中世纪大学的教学中，传统的讲授模式占据着一席之地。但与传统根据书本进行讲读的授课模式所不同的是，讲授通常会被分成两段：前半段通常由教师主持，主要进行陈述或讲解所要学习的内容，功能在于让学生熟悉教学内容；后半段则留给学生进行讨论或辩论，主要是让学生学会运用。"教师的学术个性并不重要，重要的是教学内容和传授方式。"以下列举了两种在当时大学中普遍盛行的讲授与论辩结合的模式，分别是讲读—讨论式和对话—问答式，这两种方式都是在知识掌握的基础上师生之间就所学内容或疑问进行讨论，并且在讨论的过程中都夹杂着小型的辩论，或由讨论引发辩论。

如果说讲授是为了系统地传授知识给学生，那么辩论则是让学生掌握知识从而解决问题。在每次论辩发起之前，主持活动的教师都会为所有参与者布置一个论题。如果有两个论辩主题同时进入的话，各院的院长则会亲自主持活动并定下论题的先后次序。辩论的先后顺序一般都是按照参与者的学位或社会地位的高低而定。反方和正方依次提出反对意见和答复，并以最后的观点或结论而告终。当时最为有名的辩论非唯名论与唯实论莫属。争辩围绕着个别与共相展开，在认识论上是关于普遍概念的形成、性质和意义问题的争论；在本体论上是关于理念、精神实体和个别事物的独立存在问题的争论。这场争论本质上就是思维与存在的哲学基本问题的争论。当然，并不是所有的辩题都具有哲学或实践意义。由于受到经院神学的影响，学者们也会针对一些无谓的辩题展开讨论，于是便有了诸如老鼠吃了圣餐怎么办、一个针尖上能够站几个天使、上帝能不能创造出他自己举不起来的石头等被后世所知晓的可笑命题。这些辩论往往不会产生出什么结果，但是学生和教师却乐于对此进行论证，享受着辩论本身带来的乐趣。

基于讲授和辩论的教学方式，教师便可以有效地开展教学活动，文学院课程的教学内容也就显得并不那么僵化了。

## 一　三艺：语法、修辞和逻辑

### （一）语法

语法（grammar），又称文法，是三艺（trivium）的一种。英国中世纪牛津和剑桥的语法教学有三个方面值得注意：第一，学生为了接受大学课程必须掌握的拉丁文法预备课程；第二，形式语法（modal grammer），即对语言和特点进行逻辑分析的能力基础课程；第三，文法硕士（grammar master）需掌握中等教育的语法课程内容。其中能够讲授第一方面所述的课程是一名文法硕士毕业后成为文学院教师的客观要求。第二种是文学院学者获得文学学士学位（BA）的必要准备。第三方面是出现在半自治的文法院系中（semi-autonomous faculties of grammar），这种团体通常被认为是中世纪的教师教育学院。一直以来，史学家都混淆了这三种语法教学的形式。他们通常认为见习的文法硕士会和没有拉丁文基础的年轻人在同一个教室里上课。然而这三种文法教学的区别并不是很大，因为许多文学硕士（master of arts）同样是文法硕士，而且其中有很多人在进入大学文法系学习之前已然在文法学校从事教学活动。另外，也有一些文学硕士不仅给大学文学院系的学者讲座，同样也给年轻人讲授简单的语法分析。

第一种语法教学——拉丁文法预备课程是学生进入大学学习的必要基础。英国中世纪时，七八岁的适龄男孩在进入附近的文法学校或找当地的教师进行学习活动时就开始学习文法了。一小部分的男孩会离开他们所生活的地域，到其他的地方（如牛津）去接受文法教育。牛津优越的教学条件吸引着来自各地的学子，而其较为昂贵的学费并非所有人都能支付得起。① 这些牛津文法学校的教学接受牛津大学的指导，是牛津大学的附属教育机构。到 15 世纪晚期，牛津文法学校的数量明显下滑。1466 年，牛津大学给林肯教区的主教写信，力求解决这个问题，但主教对此没有任何作为。因为造成学校数量下滑的主要原因无疑在于收取高昂学费的文法学校正在逐渐被附属于牛津莫德林学院（Magdalen College）的威廉·韦恩福利特主教（William Waynflete）的免费文法学校所取代。

莫德林学院于 1479 年落成，其章程规定：

任何来文法学校学习的学生都能够接受到教师们敬业的、高效的、自由的、免费的指导和教学。②

在推出免收学费这一规定以后，莫德林迅速地取代了其他的文法学校。只有少量的文法学堂（grammar halls）能够存活下来。莫德林学院的更大影响力还在于它成为年轻的文学学生接

---

① N. Orme，*Education in the West of England*，Oxford University Press，pp. 63 – 93.

② Ibid.，p. 76.

触古典文法规则和形式的重要媒介。1520 年之前的莫德林学院的教师和学者编写了许多教科书，客观上推动了文艺复兴时期英格兰的人文主义拉丁文学的传播。

一般来讲，当被中世纪的剑桥大学或牛津大学录取以后，学生将在第一年和第二年继续进行必要的语言学习。尽管中等教育的基础语法课程是因各主教区而异的，但刚入学的学生在拼写和写作技能方面还是存在普遍的差异。因此一些学术性的会堂为有需要的学者提供文法指导，也是帮助学者今后能在文法学院任教做准备，如 15 世纪晚期剑桥的文法学舍（grammar hostel）先后有 Thomas Chambre 和 Thomas Ayera 等人任教。

一些学院也为一些年轻学者开设文法训练课程，但像约翰·梅杰（John Major）一样的学者坚决反对。1520 年，他在牛津和剑桥两所学校都提出："学院不应该教授文法。"他所在的学院就是个例外。

与牛津不同，剑桥从一开始就不是文法学校的中心，免费的文法学校也是在 17 世纪后才出现的。在伊丽莎白时代，大学层次的文法课程被严令禁止在学院进行教学，除了国王学院、三一学院和圣约翰学院的唱诗班学生以外，其他人都没有资格学习文法。

关于文法课程中教学材料的选取有一条不成文的规定，就是大部分文学院教师都从其他具有指导性的学术文章的摘录簿中筛选，如诗歌、修辞、占星术或其他学者的口述摘录等。除此以外，其他的文法学习材料则更适于为初学者做准备。

第二种语法教学的内容——形式语法是对语言和特点进行逻辑分析的能力基础课程，是大学文学院本科课程的重要组成部分。形式语法的教学主要是让学生学习一种名为 De modo significandi 的推理性语法，并通常在星期五进行实践性的辩论。

De modo significandi 是多种推理性语法的统称，提出这种语法的代表人物是德国埃尔福特（Erfurt）的托马斯（Thomas）。托马斯是中世纪晚期最著名的语法学家之一。之所以如此命名，是源于他们运用 modi significandi（modes of signifying，描述性方式）来区分语法的类别。这种语法力图通过总结并组合各种可行的语法有效项来将语法进行归类。基于这种语法的推广，14世纪的唯实主义者和唯名主义者针对语法含义的问题展开大量辩论。如对于 men 这个词的含义，唯实主义者解释为一种客观存在；唯名主义者则认为 men 是一群独立个体的一种方便命名方式，men 本身并非真实的存在，只有独立个体才是客观存在的。①

　　De modo significandi 无疑是牛津大学和剑桥大学推理语法的基础。很多 De modo significandi 的副本资料都是与其他唯实主义者对逻辑的评论、注释放在一起的。在大学文学院的教学内容里，推理语法与分析语法一直都没有彻底地区分开来。13世纪时，无论是文法学校还是大学的标准课本教材都具有一定的描述性和亚里士多德分析学派的逻辑性。起初，当年轻的学者刚到牛津和剑桥时，可根据自身需要选择多纳图斯（Donatus）、普利西安（Priscian，6世纪古罗马的拉丁语法学家）、亚历山大（Alexander）或者托马斯（Thomas）的语法，自从有关语法教学的观念被列入学校章程以后，普利西安的语法成为剑桥唯一指定的语法教材，此规则并非主要由于其他三种语法的没落，而是大学文学院学生仍然有学习语法的必要，因此而保留它。该语法教学在1488年被取消。

---

　　①　T. Heath, *Logical Grammar*, *Grammatical Logic*, *and Humanism in Three German Universities*, Vol. 5, Studies in the Renaissance, 1971.

第三方面，牛津和剑桥的语法教学也出现在授予文法硕士学位的文法院系和授予教育学士（BEd，Bachelor of Education）的中世纪教师教育学院。自 12 世纪开始，基督教国家的语法教学都受到教会势力的严格控制，除非得到主教的允许，否则大学不允许私自开设语法课程。在剑桥，教会对文法学校的控制是由身为文法学者团体之首的伊利（Ely）教区执事长（Archdeacon），通过任命 Magister glomeriae（Master of the Glomery）执行。由于文法学者团体也隶属于大学，所以它同样不能摆脱教会的控制。在 14 世纪晚期大学章程中开始规定文法硕士（MGram）学位的要求之前，文法硕士的培养都是由文法学者团体在 Master of the Glomery 的监督下进行的。而后相关章程的出现也暗示着大学开始逐渐掌握文法学者团体的控制权，以至于执事长任命并记录 Master of the Glomery 的教会权力到 15 世纪中叶就被取代了。

牛津的文法院系在实际上与剑桥如出一辙。尽管文法学者团体接受文学院系的管理，但严格地讲，两者之间并没有具体依附的关系。大学每年都会选出两名文学硕士监管文法学校，而当时人们普遍认为文法硕士也就与文学学士水平相当。因此，牛津摆脱林肯教区主教控制的影响波及文法学校。在这一点上，牛津与剑桥的 Master of the Glomery 是一样的。

（二）修辞

在中世纪大学中，修辞学（Rhetoric）在不同时期有不同的概念界定。从某种意义上讲，修辞与语法是不可分割的。对大学教学来说，修辞是一种依附于语法的教学内容。在 1510 年的牛津，修辞和语法这两个词是可以互换的。在中世纪社会，西塞罗（Cicero）和昆体良（Quintilian）式的演说材料虽然还被一些人阅读并讨论，但真正运用的已经很少了。圣奥古斯丁

(St. Augustine) 的 De doctrina christian Ⅳ 由于赋予了修辞学以对基督教文学的解释功用，因此通常被认为是中世纪修辞学的代表。尽管如此，修辞学的定位依旧模糊不清。在剑桥大学，修辞学一直是文学课程中被漠视的部分。修辞学内容涉及古典修辞理论、诗歌、诗歌学、书信体格式、戏剧、布道等，为北方的文艺复兴和人文主义思潮带来了新古典主义的风格。

首先，修辞学通常意味着对西塞罗、伪西塞罗、亚里士多德和昆体良的古典修辞文献的学习。这些资料很难在牛津早期的记录中找到，但并不意味着没有教学实质。最早的记录出现在 1431 年的牛津，当时一些有上进心的硕士生参加了长达三个学期的讲座，内容涉及广泛，包括：亚里士多德的（Rhetoric）修辞学、波埃修斯（Boethius）的哲学的安慰第四篇 Topics Ⅳ，伪西塞罗的 Nova rhetorica，奥维德（Ovid）的变形记（Metamorphoses）和维吉尔（Vrigil）的诗歌，囊括从古典理论到中世纪奥维德的道德论。不少年轻的学者也在自行学习这些资料，以至于 20 年后修辞学的整体风格没有发生太大的变化。

剑桥档案中的相关资料更少。1450 年时的教学大纲仍没有提到修辞学，也没有该学位的法令或章程。最早的档案记载是 1488 年出现的特伦斯讲座（Terence lecture），是当时三个有薪水的大学讲师讲座之一（另外两个是哲学和逻辑学）。该讲座是一门宏观的人文主义课程，面向一、二年级的学者，不设固定教材，是档案中人文主义对剑桥教学影响最深的课程。

其次，1431 年的牛津学位制度章程反映出，修辞学还包括诗歌。此类诗歌的概念不仅包括奥维德和维吉尔的作品，其他很多古典主义和中世纪诗人的诗歌都被归为有价值的学习材料，如 12 世纪的英国诗歌学理论家杰弗里温瑟夫（Geoffrey of Vinsauf）的 Poetria nova 和 Tria sunt。总的来说，修辞学的专著、诗歌、古典和新近的人文主义作品构成了中世纪大学普遍的修辞课程学习材料。诗歌在 16 世纪早期的剑桥还拥有区域性的含义。*Poetria* 在剑桥的含义与文法院系的含义是一样的，就如牛津的 *rhetorica* 是文法的同义词一样。许多手抄本的诗歌和修辞学专著在牛津和剑桥两地学者之间被广泛地交换，诗人们也被来自大学的这股热情所鼓励，在 15 世纪中期开始大量创作此类作品。

再次，戏剧文学也是修辞学的一部分。自 1386 年开始，剑桥大学学院一级的戏剧表演就受到学者们的普遍欢迎。最有力的证据来自于国王会堂（King's Hall）残存的大量档案。1503 年 4 月、1507 年 8 月和 1508 年 9 月都有未命名的戏剧的创作记录，而这些剧作家中的第一人便是特伦斯（Terence）。他所创作的戏剧曾在 1510 年 11 月登台演出，另外一部作品于 1516 年演出。①

最后，修辞学还体现在基督教对古代修辞理论的运用中，即布道（homiletics）。最好的例子便是洛伦佐（Lorenzo Gugliel-mo Traversagni di Savona）。他是已知的第一位在剑桥大学宣讲修辞学的人文主义者。洛伦佐出身意大利方济各会贵族家庭，他在 15 世纪中叶在帕多瓦（Padua）、博洛尼亚（Bologna）、维也纳（Vienna）、阿维尼翁（Avignon）和图卢兹（Toulouse）等城市广泛地学习哲学和神学并偶尔讲座。1480 年，洛伦佐撰写了一部像 *modus epistolandi*（书信体格式）的基督教专著，并先后在巴黎、莱比锡（Leipzig）、佛罗伦萨（Florence）、里昂（Ly-on）和克拉科夫（Cracow）等地出版。1476 年，他来到英国，

---

① Alan B. Cobban, *The King's Hall within the University of Cambridge in the Later Middle Ages*, Cambridge Univeristy Press, 1975, p. 228.

于 1482 年定居在剑桥，期间多次往返伦敦、巴黎、荷兰。尽管他的学位没能帮助他在剑桥获得成员的名分，但他仍旧被尊称为 Doctor sacrae paginae，并在 1476 年开始从事修辞学和伦理学的讲座。这也是大学教师团体成分多元化和方济各会神学家在文学院系中讲座的典型例证。

（三）逻辑

逻辑学（logic）几乎占据了中世纪大学课程结构的全部。在 14—16 世纪，英国的逻辑学在欧洲享有很高的声誉。牛津大学的章程中说道："文学院因其精妙绝伦的逻辑学得到在全世界的大学的赞誉。"

在牛津和剑桥，第一年和第二年的课程被大量的逻辑学课程充斥着，使得学生们在成为三年级学生（sophister）或有资格参加辩论之间只能学习逻辑学。但逻辑学并非垄断着文学课程，相反，它很好地弥补了推理语法、现实主义自然哲学和形而上学（metaphysics）。逻辑学课程的指导手册中说，自然哲学是学者学习辩证法（dialectics）的基础，而逻辑学本身更是经院神学和法律的基础。中世纪晚期的文学课程的构成不是杂乱无章的，而是浑然一体的。

1450 年，剑桥学者在第一年掌握读亚里士多德的旧逻辑学（old logic），通读波菲力（Porphyry）的 *Isagoge*、吉尔伯特（Gilbert de la porrée）的 *Sex principia*、波埃修斯的 *Divisiones* 和亚里士多德的 *Praedicamenta*，*Perhermeneias* 和 *Topica*［《论题篇》，通常被认为属于新逻辑学（new logic）］。到了第二年便开始涉及亚里士多德的新逻辑学，包括他的 *Elenchi*，*Analytica priora and posteriora*（《分析前篇》和《分析后篇》）。这些书籍都是中世纪学者的基础学习材料，也是经院哲学和神学的基础。旧逻辑在中世纪早期风靡一时，如公元 5 世纪的波菲力和 12 世纪的吉尔伯特。新逻辑是随着 12、13 世纪古希腊语和阿拉伯语的翻译运动而传入欧洲的，并让人们认识了三段论推理法（syllogism）。14 世纪晚期时新增的一条法令中指出：

除非公开地、完整地听过当前学校的 *Summule*，*De fallaciis* 和 *Abstractiones* 的讲座，否则任何人不得处理和解答文学方面的问题。①

这三个讲座的主题都是亚里士多德学派逻辑学。其中 *Summule* 涉及三段论的范畴、形式和特点；*De fallaciis* 讲述诡辩论；*Abstractiones* 则有来自牛津大学默顿学院的海茨伯里（Heytesbury）讲他的 *Sophismata*。

牛津大学的情况与剑桥非常相似。1409 年，牛津大学的学生必须学习 *logica vetus*、波埃修斯、亚里士多德的《分析前篇》和《论题篇》和 *Elenchi*。1431 年，讲座课程包括：*Perihermeneias* 和《分析前篇》《论题篇》和波埃修斯的 *Topica I – Ⅲ*。牛津和剑桥两所大学的中世纪逻辑学几乎就是亚里士多德的逻辑学，到 1420 年就几乎不再具有任何新观点出现。虽说英国大学因逻辑学而得名，但中世纪晚期这种声誉就不再那么值得骄傲了。另外，在 14 世纪和 15 世纪的第一个十年里，哲学界反映唯实主义和唯名主义之间辩论的逻辑学作品在两校中非常有影响力，而能够在辩论中占据上风也成为学者们热衷学习逻辑学的一个重要原因。

## 二　四艺：算术、几何、音乐和天文

像三艺课程一样，四艺（quadrivium）课程也是直接从古希

---

① Damain Riehl, *A History of the University of Cambridge* (Volume 1) *The University to* 1546, Cambridge Press, 1988, p. 123.

腊哲学中衍生并承继下来的。四艺在中世纪大学的文学院里并不算是重要的学科，很多学者只了解一点天文，几乎没什么人懂音乐。中世纪英国大学的四艺，特别是天文学，具有很强的非普遍性，体现在学者的个体差异上：一个硕士生要么会在该领域有很大的建树，要么根本不懂。因为尽管天文学没有从文学院划分出来，而且天文学者也必须同其他文学院学生修一样的课程，但毕竟天文学是特殊的领域，而且本科学生亦可以专攻天文学方向，所以对任何学者来说，是否修天文学完全是凭借个人的兴致。

更有甚者，学院也没有为学生提供学习四艺的理想条件，比如说学习资料。像剑桥大学的校图书馆和皇后学院图书馆就没有任何关于四艺的资料，只有彼得豪斯学院、国王学院和克莱尔学院算是真正意义上有一些资料，其中 1424 年时的彼得豪斯学院以超过 70 部论著的藏书量荣登剑桥各学院四艺馆藏之首的宝座。牛津大学的情况亦如此。截止到 15 世纪末，坎特伯雷学院和林肯学院都没有与四艺有关的论著。万灵学院有 30 多本著作，默顿学院则要多一些。

（一）算术

对于算术（arithmetic），大多数章程以及在无法获得它们的地方，传记中的证据与许多留传下来的无数手稿使我们清楚一点：波埃修斯的著作《论算术原理》（*Ars Metrica*）（见图 3—1）还是年轻文科学生汲取的主要养分，欧几里得（Euclid）《几何原理》（*Elementa*）中包括的大量算术经常只是一种补充。使用的其他著作，还有维勒迪约（Villa-Dei）的亚历山大（Alexander）的《量的计算》（关于潜在的历法计算原理）和萨克罗伯斯科（Sacrobosco）的《运算法则》。这是巴黎人的实践，在已知最早的牛津的章程要求（14 世纪早期）中，在确定"计算"

和"十进制"方面，牛津可能也追随之。

图3—1 波埃修斯的《论算术原理》

算术是四艺中的最基础学科，是音乐的预备学科，也是大学中的非主流学科。1409年牛津大学章程中规定萨克罗伯斯科的《运算法则》（*Algorismus Integrorum*），1431年又补充了波埃修斯的《论算术原理》。剑桥大学1390年章程中规定只为学士开设算术，并且只讲《运算法则》。文学院的学生仅仅花很少的时间在算术上，为的也只是掌握其他科学分支所必需的基本运算能力。

（二）几何

几何（geometry），一直以来都被当作是制作天文表的标准。对于几何这样一门学科来说，已有的逻辑性结构规则是否符合科学性远不及规则本身所受到的关注，因此学习这些规则是学生的首要学习任务。欧几里得（Euclid）的《几何原理》是公认的最佳教材。从某种意义上讲，学生能学到什么程度完全依赖于文科课程的学时和年限。

1390 年的剑桥章程中只提到了欧几里得的《定量与格》（ de Geometria Tres Primos Libros ），在学时和年限较长的牛津，学生要在前两年学习欧几里得的《几何原理》。已知的译著版本很多，如巴思的阿德拉特、卡林西亚的赫尔曼，以及克雷莫纳的热拉尔所译的版本。其他的"理论"几何学著作是一本借波埃修斯之名所做的《几何原理》评注、欧几里得的《定量与格》，以及约旦·奈莫拉里乌斯（ Jordanes of Nemur ）的《论三角形》（ De Ponderibus ）。

在几何学的讲座记录中，牛津大学分别有 1405 年默顿学院的文学硕士埃德蒙德·白金汉（ Edmund Bekyngham ）和 1389 年的约翰·韦斯特考特（ John Westcote ）讲授几何学讲座。剑桥大学在 1492 年由威廉·梅雷瓦瑞（ William Malleveray ）设置了"几何学学士"（ bachelor in geometry ），除此以外，剑桥没有其他任何关于几何学的课程或学位的信息。

另外，在"实用"几何学方面，我们发现了各种各样的风格。理论与实际之间的区别可以追溯到柏拉图和亚里士多德，但是在 12 世纪和 13 世纪它不仅仅是分类修辞学。有充分的证据表明，很多人研究欧几里得是为了研究《天文学集成》——如凯顿的罗伯特所言，"它是我们研究的根本目标"。取自布鲁内托·拉蒂尼的引言听起来好像附和了圣维克多的休斯（卒于 1141 年）的《大纲提要》，它的从属部分有《平面测量法》《测高法》和《立体测量法》。在任何这样的标题之下，关于某种象限仪的一篇论文，都能够得到详细说明。早期最著名的论述也许是《象限仪论文》，属于罗伯特斯·安格里克斯或者弃拳彼利埃的约翰尼斯·安格里克斯。它描述了一个小的、手控的，通常由黄铜制成并刻有尺度的象限仪，有一个滑动标尺能够在其上移动。目测象限仪本身的瞄准器能获得天体和建筑体的高度，并做可能的时间计算。

（三）音乐

四艺分科之一的音乐（music），产生时间很早，可以追溯到大学产生之前的一段时期。音乐一直凭借它在基督教礼拜仪式中的重要性，处于四艺中非常重要的地位。后来哲学家布鲁内托·拉蒂尼（Brunetto Latini）说："音乐是第二个算术科学。"它能更好地帮助完善其他学科，对此波埃修斯也表示强烈的支持和赞同。当然，音乐学科还是有它自身实际的一面，像声乐的理论和器乐的运用，但是在学校的环境中，布鲁内托的理论吸引着更多人，占据了主导地位。其中最突出的是单弦琴的理论，几乎所有关于音乐的著作都由此开始，甚至连实践性的音乐也可以以一种严格的分析方式进行教授，虽然通过实践了解的事情本质上并不比来自书本理论的少。围绕这一主题，中世纪的文献远远超过了百部，但其中最为重要的仍是波埃修斯对古代传统的综合《论音乐原理》（*De Institutione musica*）。波埃修斯在这部著作中传承了毕达哥拉斯的音乐理论，甚至可以算是他基于算术和几何学的《数学》的一部续篇。他用现在似乎更让人困惑的专业术语，把对他最为重要的数字关系做了整理，有人认为这完全没有必要。当字母的使用取代数学比例时，音乐的乐谱逐渐演进和改善，这也是经过一些学者诸如菲利普·德·维特里（Philippe de Vitry）和纪尧姆·德·马绍（Guillaume de Machaut）努力的结果。音乐上所取得的最大进步是在所教的一些与大教堂或主教座堂相联系的主题方面，例如教会唱诗班：圣维克多或圣珍妮芙的修道院。雷奥宁和佩罗坦都是唱诗班教师。在欧洲也许没有别的大学城能像巴黎那样提供这样的机会——尽管萨拉曼卡提供音乐方面的学位，并且有人怀疑在别的地方波依休斯的教学是一件相对枯燥的和理论上的事情，关注于比率的记忆，并从音乐不仅是乐器的而且（依照波埃修斯）也是万物和人自身这样的事实中获得安慰。人性音乐的概念涉及心灵与肉体功能的预定和谐，宇宙音乐的概念，以及宇宙的每一部分应有它自己的乐调，将会提醒学生在天文学中也蕴藏着某种愉悦。

牛津和剑桥两所大学在 15 世纪晚期出现了与音乐有关的学位。自那时起，剑桥恩典录（*Grace Book*）上每 2 年或 3 年就会频繁出现音乐学士或音乐博士，即便当时剑桥章程中还没有该学位的活动、讲座和形式等规章条例。例如第一个以这种方式毕业的音乐家名叫亨利·阿宾顿（Henry Abynton），他在 1464年拿到了音乐学士学位，1465 年拿到了硕士学位。学校在没有赋予他摄政教师正式身份的条件下，要求他在学校逗留一年。由于没有学校章程对音乐学位的要求，大部分学者受恩典的音乐家都是如此，需要受到恩典。

（四）天文

天文学（Astronomy）是四艺中最重要的学科，也是牛津和剑桥两所大学文学学生的必学学科。在剑桥大学想要获得硕士学位就必须听一学期的 *Tractatus de Sphera* 和 *Compotus* 讲座。1409 年的牛津章程也规定了 *De Sphera* 和 *Compotus*，1431 年硕士学位要求学习两年的天文学，通读《行星论》（*Theorica Planetarum*）或托勒密（Ptolemy）的《至大论》（*Almagest*，也译作《天文学大成》）（见图 3—2）。牛津恩典中自 1450 年开始出现有关这一课程的规定。

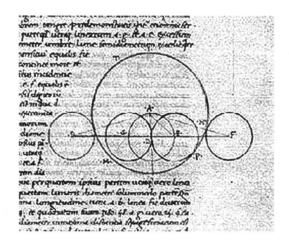

图 3—2　托勒密的《至大论》

　　古代晚期基督教研究天文学的主要目的是为了计算各种宗教节日的准确时间。比如像 *Compotus*，就是一部天文学基本技能的专著。剑桥和牛津有很多该书的手抄本。托勒密的《至大论》，在他死后不久就成为古代西方世界学习天文学的标准教材。公元 4 世纪就出现了帕普斯（Pappus）的评注本文学和亚历山大城的塞翁（Theon of Alexandria）的评注本。约在公元 800 年出现了阿拉伯文译本。随后出现更完善的译本，它们与阿拔斯王朝的哈里发阿尔马蒙（Al‐Ma'mun）对天文学的大力赞助密切联系在一起。1175 年，出现了克雷莫纳的杰拉尔德（Gerard of Cremona）从阿拉伯文译的拉丁文译本，《至大论》开始重新为西欧学者所了解。在此之前不久，1160 年左右还有一个从希腊文本译出的拉丁文译本出现在西西里，但可能不太为人所知。这些译本，连同来自阿拉伯一些以《至大论》为基础的新论著，在 13 世纪大大提高了西方天文学的水准，而在此前漫长的中世纪时期，西方世界的天文学进展主要出现在阿拉伯世界；然而阿拉伯天文学家更是大大受益于托勒密的天文学著作。

### 三　自然哲学、道德哲学和形而上学

自然哲学（Natural philosophy）、道德哲学（Moral philosophy）和形而上学（Metaphysics）这三种哲学的课程，毫无疑问是中世纪大学的重要课程。大学学者对这三种哲学的学习和研究并非出于对学问本身的好奇，而是为经院神学做准备。牛津和剑桥两所大学对哲学都非常重视。剑桥在 1209 年建立之初，就积极地把自身对哲学的学习与研究融入欧洲哲学浪潮，并力图走在时代的前沿，反映欧洲哲学思想。

（一）自然哲学

自然哲学是现代自然科学的前身，主要是思考人面对的自然界的哲学问题。它包括自然界和人的关系，人造自然和原生自然的关系，自然界的最基本规律等。这当中不少理论，都奠定了今时今日物理学的基石。

牛津和剑桥的学者们最初接触自然哲学的时候都是通过阅读逻辑学的指导性作品而了解到该哲学范畴的。有很多著者不详的作品在学者之间广为流传，譬如有一本叫作《自由辩证术》（*Libelli Sophistarum*）的小册子，相传是一个叫作托马斯·沃尔辛厄姆（Thomas Walsingham）的人编写的。该书简练地介绍了自然哲学，是初学者的必备读物，在 1497—1530 年间的牛津和剑桥有很多种版本。

学者们在经过两年的与基础自然哲学的接触后，可以继续通过学习逻辑学而参与到更加复杂的哲学学习活动。鉴于亚里士多德自然哲学在文学院的核心地位，从 14 世纪中叶开始，该学问便失去了创造性。当时有人从事自然哲学的翻译和抄写工作，但只有一个来自韦斯特法利亚（Westphalia）的神父，在从事一些创造性工作，并在两校间有一定影响。此人名叫约翰·

夏普（John Sharpe），从 1391 年开始成为牛津大学女王学院的成员，1403 年获得文学硕士和神学学士，并被聘为讲座教授。

（二）道德哲学

道德哲学亦称伦理学，是研究善与恶、对与错、职权与义务等概念的哲学分支。道德哲学是对人类道德生活进行系统思考和研究的学科。它试图从理论层面建构一种指导行为的法则体系，即"我们应该怎样处理此类处境"，"我们为什么又依据什么这样处理"，并且对其进行严格的评判。

亚里士多德将道德哲学分为伦理学、经济学和政治学。在中世纪晚期，道德哲学是英国两所大学获得学士学位的必要学科。学者们对道德哲学的认识除了亚里士多德的作品以外，还有波埃修斯的 *De consolatione philosophiae*。虽然此作品不是大学章程中规定的必读物，但几乎每个新的图书馆和大部分的文学硕士都有一本。由于道德哲学对神学有一定的影响，亚里士多德的专著通常与神学或宗教的作品放在一起。另外许多古典的和人文主义的作品，如塞内卡（Seneca）、奥维德、西塞罗、薄伽丘（Boccaccio）和彼得拉克（Petrarch）的作品都属于这一哲学分支。

牛津和剑桥的恩典录仅仅是偶尔会提及与道德哲学相关的讲座和学位事项。15 世纪中叶，牛津大学的一位学生确实为了攻读学位而听了三学期的道德哲学，但实际上只有一个提到了《伦理学》（*Ethics*）。在牛津大学默顿学院有时会有以道德哲学为主题的硕士生的辩论，具体的辩题大部分从《伦理学》里挑选。比如有：

真正的幸福感是出于主观意愿的行为还是智慧的行为？（主观意愿）

幸福是孕育在道德的工作中吗？（否）

每个人都能在生命中找寻到快乐吗？（否）

道德的美德是否像它存在于主体中一样而存在于主观意愿中？（答案不详）

冥思的生活是否比活跃的生活更好？（答案不详）

另外，柏拉图主义也对中世纪的思想影响深远。但在文艺复兴之前，柏拉图的论著和作品却鲜为人知。即便是到了 16 世纪早期，图书馆中除了《蒂迈奥》（*Timaeus*）的副本以外，也没有其他关于柏拉图的哲学论著。汉弗莱公爵（Duke Humphrey）曾经在 1439 年给过牛津大学一本《对话篇·费德鲁斯》（*Phaedrus*）的副本，1445 年又将此书借走。他还给过国王学院一套《理想国》（*Republic*）1 到 5 卷的翻译本。总而言之，柏拉图的哲学在当时无法撼动亚里士多德哲学在英国大学里的地位。

（三）形而上学

形而上学，也译作玄学。英语 metaphysics 或拉丁语 metaphysica 一词源自希腊语，意思是"在自然之后"。metaphysica 的出现其实由于亚里士多德在他的作品集中，把他对逻辑、含义和原因等抽象知识的讨论编排在他讨论物理学的书册《自然学》（*Physica*）之后，并给这些讨论一个标签："在自然学之后"，拉丁语 ta meta ta physika biblia，意即在《自然学》之后的书册。而这个用语被拉丁语注解家错误地理解为"超越于自然学的科学"。而亚里士多德在书中讨论的问题成了形而上学的很多基本问题。

形而上学是三种哲学中较难的一门学科。由于难度太大，大学里只有少数学生能够理解和掌握，因此形而上学只为文学学士开设。亚里士多德的《形而上学》（*Metaphysics*）是当时的主要教材。该教材是剑桥大学第四年的秋季选修读物，但却是拿到文学硕士学位的必修读物。在牛津大学，在学士层以上才有形而上学的课程，在两校的恩典条例也规定只有出色的学生能够学习形而上学。

## 第二节　医学院、法学院、神学院

### 一　医学

英国大学的医学院的出现并不是偶然的，新型的官僚国家及教会都需要受过教育的医学（medicine）人才，而修道院学校已经不能满足这样的要求，医学院正是造就这样的人才的教育机构。在医学院建立之前，医学是通过教会学校、修道院和私人机构传授的。中世纪英国的牛津大学和剑桥大学在医学院课程的设置、教学方法及考试方式上都有自己的特点。

（一）医学课程的内容

中世纪英国大学的医学院的课程主要是以希波克拉底、盖伦的医学著作、阿拉伯重要医学家的著作为主，此外还有亚里士多德的著作。医学是研究生的学科，牛津大学和剑桥大学都规定医学生在学医之前要学文科七艺课程 3—4 年。学完文科后才能学习医学，文科是医学的基础，医科的学习一般要 6—7 年，甚至更长的时间。

学习医学的理论课本包括希波克拉底的《警语录》《论摄生》《急性病体制》（*Regimen of Acute Disease*）、《格言集》，盖伦的《小技》《泰格尼》（*Tegni*）、《论理想的医生》《论理想的哲学》《论希波克拉底的元质》《论解剖标本》，阿维森那的《医典》和《医门的律例》等。

此外，医学生还要学习亚里士多德的哲学，医学是哲学的一部分，哲学是医学的基础，它使学生了解宇宙世界是如何运动的，也了解关于生长、再生和衰竭的原理以及从宇宙原理到个别疾病的原因。亚里士多德的学术著作支配着中世纪的医学基础课程结构。对其学术思想的吸收和消化贯穿了整个 13 世纪的英国大学医学院，并以医学院教科书出现在英国大学里，他的《物理学》（8 卷）、《论天》（4 卷）、《气象学》（4 卷）以及《论生灭》等科学论著也成为中世纪英国大学医学生的标准教材和重要教学内容。①

如果条件允许，医学生还要学习道德哲学和形而上学。在英国大学的医学院里也教授意大利较为先进的医学思想和内容。此外，医学生也要学习天文学，不仅包括行星和其他星体的运动，也包括它们对下面的世界的影响，当时人们都相信星体能影响人体的健康，医生要能为病人星占。牛津大学校长基尔伯特·凯莫尔和约翰·萨莫塞特（John Somersete）都是学习过天文学的医生。1315 年，解剖学逐渐引入教学中，解剖学教授不仅关注解剖的尸体，更关注人体背后广泛的哲学和神学原理。

（二）医学课程的传授

中世纪英国大学的医学院限于生产力水平和技术条件，特别是知识水平，使得知识传播与今日的医学院大不相同，但其中的一些制度仍沿用至今。

在教学方法方面，中世纪英国大学的医学院的教学活动既程式化又生机勃勃，主要的教学方法就是通行的一种固定化、程式化的经院方法，包括讲授（lectio）和辩论（quaestio）两个教学环节。②

--------

① ［英］E. P. 克伯雷：《外国教育史料》，华中师大教育系等译，华中师范大学出版社 1991 年版，第 150 页。

② ［法］雅克·勒戈夫：《中世纪的知识分子》，商务印书馆 1996 年版，第 82—85 页。

所谓讲授（lectio），与今日大学的区别很大。由于中世纪大学的教材多使用权威者的著作，内容晦涩难懂，故一般都有大量的注释，需要教师逐字逐句地为学生讲解。教师上课也可以称为读课，因为当时的书籍非常短缺，教科书又带有神圣性，大多只有教师才有书籍，因此，学生只有在课堂上才有机会接触到教材。当时一位著名的教师巴黎大学的阿伯拉非常善于评述，他与学生平等地讨论学问，善于将教材生动化、美化，他的教室经常充满笑声。[①]

辩论（quaestio）则主要是讨论问题和辩论。如就希波克拉底的某个观点，有的人要站在支持希波克拉底的立场，有的人要站在反对希波克拉底的立场，双方进行辩论。无论哪种形式的授课，都使得中世纪英国人的心智更为敏锐，培养了英国人说理论辩的思维习惯，形成了喜欢探究、辩驳、推理的逻辑或辩证之风。辩证式的授课也在英国中世纪的医学院得以发展。

15世纪时，英国中世纪大学的医学院在教学方面虽然仍然墨守成规，但教学制度逐步完善，知识已经为世俗人所掌握，加之英国人固有的求知心切、成名心盛的品质，使得学科不断发展，培养人才的方式方法也就更加多样化，成为促成知识发展的重要因素。

（三）考试方式

在中世纪的英国读书似乎是一件容易的事，而要通过考试获取学位却是困难的。关于考试，大学的医学院都有自己的惯例和规定，并随着时间的推移而有所变动。由于资料的限制，仅就个别考试类别加以阐释，以求对中世纪英国医学院的考试有所了解。考试一般都要经过对经典著作的评论和公开的答辩。

---

① 秦国柱：《欧洲中世纪的大学》，《汕头大学学报》（人文科学版）1987年第4期。

　　牛津大学医学院的医学院考试分为个别考试、公开考试和答辩。个别考试是对个人能力的测试，公开考试则是仪式上的考核。个别考试通过后，考生则可参加公开考试，在公众面前进行演讲，并进行辩论。

　　剑桥大学医学院的考试则有所不同。剑桥大学考试中最大的特点是讨论环节。讨论的一种方式是：讲演者提出一篇论文，然后发表议论，讨论论文的正确性，讲演者必须彻底地、系统地阐述切题的材料，并努力使听者信服。另一种方式是两个学生间的辩论，一个学生和一个教师间的辩论，或两个教师间的辩论。首先提出论文，正面的先讲，然后再讲反面的，每次要给对方留出反驳时间。最后，把结果证实记录下来，定结论。考试通过后，主持人、硕士或博士把他介绍给考试当局。通常他将从主试者那里拿到试题——指定书中的几段，然后退出去自己准备。此后，在规定时间内，他要进入考场，个别的考试还有群众参加，在主试者面前，尽他所能地、完全而彻底地讨论这些段落。①

　　英国中世纪大学医学院并没有彻底摆脱宗教的束缚，但在当时来看，却为培养学生思辨考虑的学习态度，开辟了近代研究及理性的精神，为之后的文艺复兴、宗教改革中医学的发展奠定了基础。

## 二　法学

　　法学（Law）在英国中世纪大学中的地位非常重要。受皇室和教会势力的影响，大学一直以来都承担着传授教会法和民法

---

① ［美］S. E. 佛罗斯特：《西方教育的历史和哲学基础》，吴元训等译，华夏出版社 1987年版，第 205 页。

的责任。尽管英国与西欧大陆其他各国的法律体系不尽相同，但是在大学中的法律教育并无太大差别。

（一）教材资料

英国中世纪大学基本的法律学习研究材料是《教会法大全》和《民法大全》。前者包括 12 世纪中期格拉蒂安的《教会法汇要》，囊括教会出现千年以来的法规；格列高利九世的教令集，或者 1234 年的《附编》；教皇博尼菲斯八世（1298 年）的《第六册》；教皇克莱门特教令集（包括从 1305 年开始教皇克莱门特五世的法规和 1311—1312 年 "维也纳会议" 的法规）；教皇约翰二十二世 1317 年认可通过的教会法汇编本；《教皇圣言汇编》（1325 年）；《圣言集》以及中世纪其他教皇的法规也被收集在 1500 年和 1503 年在巴黎出版的《教会法大全》中。因此，教会法学家关注的既有几个世纪以来一直实行的古老法规，也有 12—15 世纪的法规。

民法学校教授的罗马法从公元 6 世纪早期查士丁尼法律全集开始，其中包含大量的古老法典。中世纪法学家把全集分成《学说汇纂》《法典》《法学阶梯》，以及《新律》四部分。《学说汇纂》又分成三部分：《旧学说汇纂》（从第 1 卷到第 24 卷 2 分册）、《补遗》（从第 25 卷到第 38 卷）、《新学说汇纂》（到第 50 卷的其余部分）。他们把查士丁尼《法典》分成《法典》1 至 9 卷和《散卷》10 至 12 卷，有时也用《散卷》的名称来表示《三书》《法学阶梯》和《新律》。《新律》是一部 134 位皇帝的法规汇编，在 6 世纪时用拉丁文记述，后来做了一点儿改动，11 世纪以后在西方广为人知，称其为《真本》。中世纪的注释派法学家们把《新律》的 97 卷分为九卷本的文集，使这部法规以 "新面貌" 出现。许多概要部分以及《新律》要点根据主题被插入到中世纪出版的查士丁尼《法典》中。正如以上所述，中世纪时期通过把各种各样的《封建法书》添加到查士丁尼法规汇编中，丰富了《民法大全》的内容。

（二）法学教学

直到人文主义者的出现，法律教学都是通过辩论的方式进行的，基本上没有涉及历史和哲学。民法教师，某些范围内的教会法教师教授的法律文本，其起源可回溯到几个世纪之前，但在中世纪的社会仍被视为有效，尽管应用的时候存在着种种困难，而民法被认为是教会法的辅助和补充，尽管它们之间确实存在着差异。

关于法学的学位制度，牛津大学的章程中有如下规定：

**民法学**

1. 民法学士学位（B. C. L）获得要求

（1）对已获得文学硕士学位的申请者，需再进行为期四年的学习。

（2）对其他申请者，需再进行六年的学习。

2. 法学院教师与法律工作者（如"法律编写人员"与"法律咨询人员"）入行要求

拥有关于民法学的通用书籍，并就这些书籍上面涉及的知识进行为期一年的课堂教学，教学时间安排在第一年 10 月 9 日的圣丹尼斯节（St. Denys）到第二年 8 月 1 日的圣伯多禄节（St. Peter ad vincula）。

3. 民法博士学位（D. C. L）获得要求没有额外的学习年限规定

（1）曾就《上诉制度》《新法典》以及《基本法》等有关法学知识进行授课。后面两个被提及的内容，授课时间皆需要一年以上。

（2）曾观摩过学院每一位摄政博士的课堂讲授。

（3）曾对学院每一位法令专家的问难进行辩驳和回应。

**教会法学**

1. 教会法学士学位获得要求

（1）为期五年的民法学修习。

（2）选修两次以上的《教令集》系列讲座，为期两年的教令研习经历。

2. 教会法博士学位获得要求

（1）曾就《特别法》中的两到三个"主因"，或者 *De sy-monla*、*De consecraclone*、*De penitencia* 等教令集中的篇章进行授课。

（2）就院内所有行政人员提出的问题进行辩驳和回应。

（3）曾面对每一位摄政人员进行讲座授课。

（在获得教学资格认证之后，尚需两年时间方可获得学位，其中一年必须从事学院的工作。）

### 三  神学

神学（Theology），是英国中世纪大学初创时就有的神学院所开设的重要学科。中世纪大学教学的主要特征之一，就是一系列固定教材趋于稳定化，例如，文学院使用亚里士多德的著作，法学院使用查士丁尼的法典，医学院使用盖伦的著作。神学院的权威教材就是《圣经》，但是其教义缺乏连贯性，单独把它作为一种教材并不合适。它需要阐释，从基督教诞生时期开始，祷学本质上就是对《圣经》的解释，因而神学又被称为"圣经解释学"。

自从古代以来，这种解释《圣经》的活动就一直由教会的教父们和修道院中的僧侣们进行着，修道院也成为大学兴起之前的学习中心。对中世纪《圣经》的解释而言，最重要的基督教早期经典著作是圣·奥古斯丁的《基督教教义大全》。第一卷到第三卷的内容包括解释《圣经》的通例和规则。第四卷是一篇论文，论述如何依据前三卷确定的方法论述教义、进行布道。圣·奥古斯丁证明，异教的或者非基督教的自由艺术和道德训诫的基础恰恰是那些布施基督教教义的教父们。这种思想观点要求世俗学问至少是以合适的方式为基督教的发展服务，但仅仅只有像圣·奥古斯丁这样一个学习过罗马修辞学并在年轻时阅读过维吉尔和西塞罗著作的人才这样想。

（一）大学的神学院

在巴黎大学，神学院一开始就与主教和校长紧密地联系在一起。牛津则不同，它没有主教坐堂学校，林肯地区的主教和学者们的联系不是很紧密，也就不能像他的巴黎同僚那样拥有对学者的权力。在 1254 年之前，教皇没有干涉牛津大学的任何事务。1254 年教皇英诺森四世（1243—1254 年在位）承认教师们在其真理探求领域享有特权。牛津在教义方面享有更多的自由，在 1277 年之前没有发现任何教会干涉牛津大学教学的蛛丝马迹。教皇也没有任何限制牛津神学教授职位数量的企图。整个 14 世纪，巴黎和牛津是最重要的神学院。除 14 世纪初期的几十年之外，巴黎在神学上一直保持着领先地位。1350 年之前，两个神学教学中心之间一直相互影响，主要方式是英国学生前往巴黎学习。比较典型的事件是罗伯特·普伦（卒于 1146 年），第一位著名的英国神学家，他在巴黎大学教学长达 5 年。另一位著名的神学教师亚历山大·尼卡姆（卒于 1217 年）也在那里学习过。1193—1204 年间英王和法王之间的战争阻止了英国的学生到巴黎学习，神学学习和研究在牛津兴盛起来。然而，这种趋势在 1209—1214 年间牛津教师驱散期间被打断了。许多教师到有着深厚神学传统的巴黎去了，但从此次学者迁徙中获得最大利益的教育中心是剑桥，在那里一所新的大学作为分离的结果在 1209 年建立起来了。

（二）修会开办学馆、学院

12 世纪末，以托钵修会为代表的修道院逐渐进入大学。托钵修会的学馆是世俗的大学学院的最重要的替代机构。多明我会的传教神父、方济各会修士，从 13 世纪中期开始还加上加尔默罗会修士以及奥斯汀修士，属于托钵僧。他们不是一定要待在修道院中，而是居住在能够促使他们致力于研究学习的市镇里。所有托钵僧以类似的方式安排他们的学习，在某种程度上传教神父为这种学习组织提供了机会。修士们在牛津和剑桥建立学校，在那儿他们不仅能够从当地大学的神学院中获益，而且能够为修会招募教师和学生。除英格兰的加尔默罗修会之外，每一个托钵僧修会，在这些大学城中都有一个大学馆。而且修会学校是与大学神学院紧密联系的。在牛津，当罗伯特·培根（卒于 1248 年），一位世俗教师，于 1229—1230 年间加入多明我会时，传教神父才有了他们的第一位教师，由此多明我会的学校被并入了大学。方济各会也遵循了这种模式，只不过他们的教师是罗伯特·格罗斯泰特（卒于 1253 年）。罗伯特·格罗斯泰特也许是 1230—1235 年间在托钵修会讲学的所有世俗教师中最重要的一位。而且，有三个世俗教师继承了罗伯特·格罗斯泰特的事业，直到 1247 年这所学校才有了方济各会本派的教师。就这样，牛津大学给修会学校提供了首批教师。但是不久之后，修士们就开始从本修会的成员中招募教师。他们不仅仅等同于世俗教师，而且培养出了杰出的神学家，这些神学家又吸引着年轻学生加入修会。

（三）学僧

进入大学的学僧文化程度参差不齐，一些学僧在本地文法学校已获得良好教育，如圣阿尔班斯修道院倾向于选派身份高贵的少年，以此确保他们在文法、逻辑学和哲学方面达到一定水平。在大多数情况下，修士的大学预备教育是作为见习修士在修道院完成的，有时学僧进入大学甚至还未读完基本教程。这就是为什么在坎特伯雷学院和德尔汉姆学院的书目清单上可以看到与培养见习修士相关的初级文法课本的原因。通常，学僧在大学待上几个月，又回到修道院学习。14 世纪末，世俗学生在大学学习期长达 15 年和 20 年，而修士们则不同。德尔汉姆修道院修士托马斯·加利（Thomas Caly）大约从 1445 年起攻读学士学位，学习期为 12 年，他至少有四分之一的时间是在修道院度过的。由于经常往来于修道院和学院之间，修士们不能按学年的顺序学习。结果，许多修士只好利用假期学习。格鲁彻斯特修士威廉·法利（William Farley）在修道院读了两年神学，以后 9 个假期在格鲁彻斯特学院继续攻读学位。教育背景的差异以及在读方式的不同，使集体教学难以进行。坎特伯雷学院规定，住校修士不足 4 人，就不给他们提供讲课、讲座和论辩。因此，各修道院不得不为学僧的学习作必要的安排，如德尔汉姆和圣阿尔班斯专门开设了供学僧使用的房间，一些修道院设法引进知名学者教授学僧。坎特伯雷的基督教堂、圣奥古斯丁的坎特伯雷、拉姆西和乌尔彻斯特等修道院常常互换大学毕业生协助修道院教学。

　　13 世纪中期，牛津的世俗教师反对托钵僧的特权地位。修士们所在的宗教教团不允许他们在文院研究学习，在 1253 年大学做出决定：要成为一位神学教师，首先必须是一位文科的教师。这种方式非常有效地阻止了修士们仅从神学学科毕业。对于任何一位教师候选人来说，如果他不能够在文科方面获得学位，那么也就不会给他任何恩惠。

（四）课程与教材

神学教材只有《圣经》和彼得·隆巴德的《格言大全》。另外，1228 年多明我会的章程规定，那些被送往大学馆学习的学生每人至少应该随身携带 3 本神学方面的书籍：彼得·科曼斯特的《神学历史》《格言大全》和一本《圣经》注解本。在他们自己讲课之前，每一位学生必须要听讲《圣经》和《格言大全》这两门科目达到规定的年限。

在牛津大学，1313 年编制的章程显得非常简明扼要。当已是文科硕士的那些世俗学生们，在听授 7 年神学之后，开始准备讲授《格言大全》。那些缺少文科学位的人（托钵僧）必须要在文学院学习 8 年哲学，并听授神学 9 年，之后才能讲授《格言大全》。另外，牛津的学生在开始学习《圣经》之前就开始学习《格言大全》。然而，在模仿巴黎大学的模式阶段，牛津是把《圣经》讲座放在《格言大全》之前的，直到 1311—1314 年间，在以校长和世俗教师为一方，以传教牧师为另一方的双方之间，发生了一场激烈的斗争冲突后，学习的顺序才发生了改变。在这个时候，在牛津出现了一个强大的反多明我会的派别，它宣称只有那些讲授过《格言大全》的人才有资格讲授《圣经》。多明我会对此的答复是，这是不合理的。因为正常的学习顺序是从解释《圣经》开始，然后才可以探讨《格言大全》讲座中那些较高水平的疑难问题。他们也宣称这种顺序的改变将会阻止那些有能力讲授《圣经》的人，而不是那些有能力讲授《格言大全》的人进行研究和学习，而且牛津应该紧随巴黎的实践，在学习《格言大全》之前，开设两个系列的《圣经》讲座。

# 第 四 章

# 英国中世纪大学的教师与学生

英国中世纪大学的学者包括教师与学生，他们是大学中最重要的两个主体构成要素，学校的教学及管理活动都是围绕教师与学生展开的。这两个群体中任何一方缺席都无法形成完整意义上的大学的教学和管理。教师、学生和办学经费等客观要素共同构成了中世纪大学的内部管理的主要内容。教师和学生并不是一开始就隶属于学校的。中世纪的教师出于对知识的不懈追求而游走于各大城市，直到为了生存而固定任教于某所大学，便成为大学的一部分。大学的学生在入学时就要进行各种仪式，类似现代大学在入学时要进行考试的强制要求，是学术制度化的开端。

## 第一节 教师

自古希腊以来，教育活动中传授知识的主体就包括三种人：神职人员、商人或者艺人、官吏。像古希腊的智者苏格拉底和柏拉图就是如此。到了中世纪的英国，大学教师又以独特的形式出现在历史舞台上。

## 一　教师来源

英国中世纪大学最早的教师来源于欧洲学者，大多数是巴黎大学学习的英国学者和外来的欧洲学者，统称为西欧中世纪早期的知识分子。当时这些知识分子掀起了轰轰烈烈的学术复兴运动。在中世纪的欧洲，第一次学术复兴开始于 10 世纪末 11 世纪初，其中翻译家是运动的先驱。在 12 世纪时，翻译家们就已经构成了最早的研究者和专业化知识分子的群体，他们在很大程度上填补了拉丁文遗产在西方文化的哲学和自然科学中的空白。

在成立之初，英国中世纪大学就是一个带有浓重宗教色彩的社团，但凡是大学的成员，就具有教士的身份。在 13 世纪时，托钵僧学者团的出现进一步推动了英国中世纪大学的发展。托钵僧在大学开展研究活动，产生了一大批有名的学者。他们既是当时的神学权威，也是精通七艺的博学之士。自 1217 年开始，西欧大陆的方济各修会和多明我修会的经院哲学者就被纷纷派往英国的牛津大学和剑桥大学，并且参与了大学的很多创建性工作，成为当时中世纪大学的学术生活中占有绝对主导地位的思想家。

以中世纪的牛津大学为例，大学的教师都必须在教会从事某种神职工作。一方面，这是由于中世纪教会完全垄断着知识文化的教育，只有教会中的教士才懂得知识，具备从事教学和研究的能力。比起这一点更重要的是，在基督教占绝对统治地位的中世纪社会中，知识分子必然拥有教士身份，如同在一些世俗社会中，但凡高级知识分子都具有国家官吏的身份是一样的。虽然他们的思想很可能因教派的不同而各异，甚至有时超越了宗教知识的范围，但在本质上他们依旧是教士。作为大学教师的教士有两种情况：一是由大学的教师而升任的高级圣职，如牛津大学的第一任校长罗伯特·格罗斯泰斯特，后来任林肯郡主教；二是先任圣职，后到大学任教。比如多明我会的许多成员均在大学里获得教职。总而言之，中世纪大学的教师与教会的教士是互通的。

## 二　教师的类型

在大学的管理一章中已经涉及有关教师类型的内容。在英国中世纪的大学里，除那些非经常性地担任教学工作的教师以外，全部时间都用于教学工作的常任教师（regent）一共可以分为两类：ordinary teacher 和 extraodinary teacher，即主课教师和副课教师。主课教师担任着最重要的主干课程的教学工作。主干课程非常重要，属于学位考试必考科目，全部安排在上午。副课教师无权担任主干课程，只能教辅助课程，这类课程不属于学位考试必考科目，通常安排在下午。正式教师的学术地位和经济收入都比其他教师要高出许多。这既是因为他们拥有学位，即正式的教师资格，也因为在实际上他们的学术水平更高，相当于现在的高级人才，所以他们的薪水也更高。正式的教师不仅负责指导学生，而且还要参与大学的各项管理工作。正式教师拥有硕士或博士学位，属于资深、位高和权重者；他们的学术水平高，因此也拥有各学科专业领域的话语权，通常是学位考试及审查委员会的必要组成成员。同时也是大学中拥有实权的人物和实际的操控者。主课教师是大学里的特权群体。教师的任命非常严格，教师行会通过苛刻的考核方式对教师人数进行控制，一方面是为了确保特权群体的特殊利益，另一方面也是为了防止过多的人加入特权集团，分享他们的权力。

在英国中世纪的大学里，教师队伍具有特别明显的流动性，这体现在：教师中的一大部分人仅仅是把教师作为一生中的一个阶段性工作，而没有把教师作为终身的职业。比如，文学院的教师人数最为众多，此种情况也最为复杂。首先，他们当中的许多人在身为文学院教师的同时，还是各高级学部的学生。其次，有不少人是迫于"强制教学制度"（necessary regent system）① 这一规定才留下来教书的。到了 15 世纪，文学院才逐渐出现了一批愿意以教书为终身职业的专职教师群体，尤其是在两所大学的学院纷纷建立之时，不仅给学生提供了食宿条件，而且还在学院里开展系统的课程教学以后，在学院里逐渐组成了担任基础课程教学的专职教师队伍。在其他高级学院，情况大体上也是如此。比如，在牛津大学的神学院和法学院，都有许多教师在从事了若干年的教学工作后，离开教学岗位而另谋高就。所谓教师的离职，指的便是这类教师因为所学学科的专业优势，可以在社会上获得更多且更好的发展机会。不少主教、枢机大主教甚至教皇都曾经在大学教过书。在 15 世纪，英国的统计显示，79 位主教中有 36 位（占 46%）在牛津和剑桥教过书。

　　在 14—15 世纪的英国牛津大学和剑桥大学的教师队伍里，总能见到博洛尼亚、帕多瓦、巴黎等著名大学的毕业生。原因很明显，在一般情况下，凡是著名大学的毕业生都能更容易地找到好职位。他们成为大学里教师的主要来源。不过到了中世纪末期，这一情况有所改变，大学在教师的聘用领域，出现了地方主义的倾向，英国两所大学开始变得排外，很少聘用外地的大学毕业生，而更倾向于聘用本校或者是本国的毕业生。如

---

　　① 强制教学制度（necessary regent system），是 13 世纪在英国大学比较流行的一种规定，要求学者在获得学位后必须担任两年教学工作，以此来临时弥补稀缺的教师资源。

果要对规模越来越大的大学教师群体的职业生涯进行扼要的分析和归纳的话，在常任教师中可以看到两类人生选择。

一类是年轻的常任教师，他们在刚毕业时就选择教师职业，他们通常都要先教几年书，然后再返回到社会上去寻求更好的发展，像去教会或国家公共管理领域谋求高级的职位，而且他们绝大多数人都会如愿以偿。虽然离开了大学，但这并不等同于跟大学断绝关系，一些人还可能会回到大学再次从事教学工作。另外，他们在毕业时都进行过宣誓，而且他们的宣誓一直有效。虽然离开学者行会，但他们还是行会的成员，只不过他们的身份已经由常任教师变为非常任教师（non-regents）。后来，大学逐渐削弱了非常任教师在行会成员中的选举权和被选举权。即使只是在大学教过几年书，他们也都不是平庸之辈。相反，很多年轻的学者都是非常优秀的人才。在教学活动中，很多人的教学效果良好，学生都很满意，因为他们的年龄与世界观更接近学生，他们对学生的需求更能感同身受。在社会工作上，他们中许多人后来成了主教、大主教、高级官员，甚至是教皇。

另一类是以教书为职业的常任教师的人生选择。从他们的角度出发，尽管仍然有到社会上寻求发展的机会，但是，从结果来看，这一群体的教师把人生的大部分时间乃至一生的时光都贡献给了在大学的教师职业。到了中世纪晚期，特别是在那些新开办的学院里，以教书为终身职业的常任教师便逐渐成为大学教师中的主流，在比例上占有绝大多数。

### 三　教师的职业要求

在上一章对学位的阐述中已经提到了一些教师职业的学位要求。在中世纪的英国，教师这一职业的拉丁文称谓有这样几种："*magister*"（master）、"*doctor*"或"*professor*"。在当时，这三个称呼之间基本上没有区别，都指教师，特别是指那些在某些领域有突出才能并享有盛誉、拥有权威的专业教师。换言之，在中世纪时期，被称为"master"或者"doctor"的学者，不仅仅只限于教书的人，而且还说明此人已经通过系统而全面的学习，掌握了自己所从事教学的学科领域的丰富知识，并且因此获得学位，拥有相应的教师资格向学生进行讲授。在 15 世纪初期，在英国大学里逐渐出现了这种情况：doctor 一词逐渐被用于所有的高级学科学院，而初级的文学院和文法学校则保留 magister 一词。由此可见，这一概念与现代大学的教师概念存在很大的区别。也正因为如此，在中世纪的英国大学里，拥有"master"或"doctor"头衔的学者，都在社会上享受非常高的荣誉和地位，很容易就能进入特权阶层。这些以教书为职业，从事教学工作的教师通常被称为 regent master 或 doctor，即之前谈到的集会中的常任教师，可以理解为今日的"全职教师"或"任课教师"。如果从常任教师在大学管理中扮演的角色出发，"摄政教师"的翻译方式更加贴切。

在英国中世纪大学出现之前，教师教书是不需要获得教师资格认证的。如前面章节所述，在大学出现之前，中等的学校教育已经得到了长久的发展，比如修道院附属学校、大教堂附属学校以及一些私人学校。就那一时期的学校教育管理而言，但凡获得了教会方面的许可就可以成为教师。原因在于长期以来，教会都掌握着学校教育的管理权，具体来讲，是由教区的主教及其代理人负责，没有他们的许可就不能成为教师。凡是那些没有获得教会的允许便私自教书，甚至开办私人学校的人，将会受到来自教会的非常严厉的处罚，称为"绝罚"（excommunication），即开除教籍或逐出教会。在教会学校的时代，只要教区主教许可，任何人都可以成为教师。因为当时人们对学位和教师资格证书没有概念,学校的管理、教师的资格没有任何规范可言。换言之,教师资格是一个从管理不规范到管理规范、从无序到有序的过程。这一时期的情况随着大学的兴起逐渐开始发生变化,学校教师的管理也从松散的管理逐渐演变到行会模式。大学产生后,任何人要从事教师工作不仅需要获得教区主教的许可,而且还必须获得教师行会的认可。在行会的专业管理下,这种许可被记载到教师资格证明文书里,意味着该证书的持有者是经过考查和考核的,并被承认有资格从事教师工作。尽管最终还得由教区主教来颁发教师许可证书,但自此以后,教师行会的专业权威性开始显现。当然,在教会方面的管理权威与教师行会的专业性权威之间,依旧存在着权力与利益的尖锐矛盾,两个团体之间也经历了长期的斗争。从某种意义上讲,早期的英国中世纪大学就是在这样两个权威的不断斗争中,逐渐发展、壮大起来的。这也是一个大学从无到有的过渡时期。

## 四 教师的薪酬

在现代大学里,教师基本上都是靠工资生活,包括来自国家税收的基本工资和来自学生学费的讲课费两大部分。尽管也有部分教师在其他行业兼职,但从事这些工作也是部分教师出于单靠工作收入不足以维持生计的缘故,可以把兼职所赚取的收入看作是对生活资源的一种补充。大学教师这一职业从产生至今已经有 800 多年的历史了。英国中世纪大学教师这一职业的经济收入又是怎样的状况呢?

在英国中世纪大学形成过程中,教师的组成结构出现了很多变化。起初,主要是一些神职人员从事教学工作,后又出现了大批私人教师。这两个教师群体的经济收入情况差别很大。

教会组织中的僧侣教师们，在原则上应是无偿从事教学活动的神职教师。而私人学校的教师以及很多在大学教书的，有世俗身份的学者至少在一开始是靠收取来自学生的谢礼（collecta）来维持生活的。他们把教书当作维持生计的活动来做。也有很少一部分人在从事教学活动后，能够从市政当局或者皇室那里获得一些薪俸（salarium）和年俸。

从 12 世纪开始，大学初步形成。在私人开办的学校（private school）教学的教师靠收取学生的学费生活。数额及交纳方式由双方约定，学生则根据约定的数额交纳学费。在所有学生都交过学费之后，教师才开始上课。对于是否能够对知识进行买卖，教会方面一直存在争论。传统观点认为知识是来自上帝的礼物，不能买卖。但是，社会群体对知识的需求急速增大。大量世俗的文法教师、法学和医学教师以教师职业为生计，只能靠收取感谢费（collecta）来维持生活。后来，以学费为媒介经营的知识传授活动得到社会的广泛接受。这样，教师职业就形成并发展起来。随着 13 世纪教师资格证书的规范化，逐渐形成了教师的行会组织，负责对申请者进行专业素质考核，教师的收入来源便稳定了下来。

教师的收入首先与教师的身份有直接关系。如现代大学的教师一样，拥有博导资格的教师收入通常十分可观，反观青年教师的收入则少得可怜。其次，比起文学院的教师来看，各高级学院的教师收入要高得多，这是因为他们享有更高的地位、拥有更多的资源，所以他们的收入来源渠道更加多元化。比如说他们可能会得到地方教会的津贴，他们可以收取各种费用，有的教师还能享受政府方面提供的公共薪俸（salaries）。就算是各学院的教师都有机会享受公共薪俸，文学院的教师也完全无法与高级学院的教师相比，他们两者之间在收入上的差距是非常巨大的。最著名的医学或法学教师跟最普通的文法或逻辑学教师之间，收入差距可能达到几倍甚至几十倍，虽然文学院教师的人数通常要占到全校教师人数的一半以上。另外，就常任教师来说，他们不仅有来自教学工作的收入，还有额外收入。他们当中的很多人都能获得来自其他庇护者的资助和捐赠，也可以通过为学生提供食宿而获得一定收入。在教学之余，部分教师还为大学外的人提供一些医学或法律方面的专业咨询服务。

## 五　教师之间关系

在英国中世纪大学里，教师之间的关系在绝大多数情况下是紧张和充满冲突的。既包括同事间的直接冲突，也包括对他们各自学生的控告，还有不同学院的教师之间的冲突。例如，在牛津大学的文学院，一些教师一直抱怨神学教师对他们的教学施行监督行为。在其他场合，法学博士的傲慢也受到文学院教师的指责。处于不同地位的教师之间也存在普遍的冲突，如世俗教师与托钵僧学者这两大对立阵营之间的冲突。

在数量庞大的文法教师中，多数教师的实际生活相当困难。他们落魄的经济状况在很大程度上是由当时人才市场的供需关系决定的。一名文法教师能否招收到足够多的学生是教师们生存竞争的第一要务。一般来讲，教师的经济收入与生活状况，还跟每个人在教师竞争中的实力和声望密不可分。

首先，教师们必须学会推销自己，并必须能够留住学生。教师要吸引学生，除声望以外，在很多时候还要靠"哄骗"。有的教师为了招收更多的学生，不得不四处奔走。生活的贫困往往导致道德的沦丧。很多教师为了招生，绞尽脑汁、挖空心思，在临近的城市散发传单，请求市镇当局给学生修建新的校舍，有时甚至哀求各地官员、执政者为教师开办学校和招收学生的教育事业提供各种帮助和支持。文法教师们乞求别人聘请他们去教课的行为远不止这些。他们还要求学生们把他们的招生广告、书信材料等寄给亲属、朋友和同事；更有甚者，还直接给学生写信，敦促他们来上课。文法教师之间在招生上使用了各种招数，如相互拆台、挖墙脚、诋毁名誉等，展开全方位的竞争。从这些文法教师所处的贫穷状态来考察，他们为吸引学生来上课所使用的方法大体上一致。

在英国中世纪大学里有不少教师和学院，为了争取生源，使用各种不正当的手段，进行相互报复。即便是那些享有很高声誉的教师，有时为了获得更多的财富，不惜采用各种不正当的、下流的手段，各种卑劣的手段和做法屡见不鲜。大部分教师认为，为了获得金钱和利益，任何牺牲都值得付出。很多厚颜无耻之事，诸如放高利贷、投机或者做生意等都敢做，少数人甚至不惜冒险而去犯罪。所有这些行为，在今天看来，无论怎样都是匪夷所思的。当然，也并不排除有的教授会认为其他人不如自己，毕竟学者相轻是任何年代都存在的现象。当时的教师为获得更多听众，通过给学生提供贷款的方式来吸引生源。有些时候，他们还会有其他更加让人瞠目结舌的举动，让未被允许入学的学生到他们自己办的私人学校学习，无异于今日的降分录取。不过这类不正当的竞争行为，一经查实，都会受到来自校方的严厉处罚。另外，在竞争中还常常出现恶意的报复行为，有时教师们还会酿成打架斗殴等斯文扫地的恶性事件。

## 第二节　学生

英国中世纪大学的学生生活主要包括学术生活和社会生活两个部分。由于资料的有限性，大学生活的状况很难完整地呈现出来，只有部分内容比较清晰，主要的资料来源都是一些学生的日记、学者的报告和书信往来，内容较为程式化。在学术生活方面，像入学年龄、辍学比例、考试方法、学习的机构等，或多或少都还是可以考察的。在社会生活方面情况非常相似，但偶尔会出现一些随机的事件，很有效地补充了社会生活的相关内容，比如条例、服饰、娱乐活动和具有创造性的活动，甚至女性在大学中的地位和瘟疫对学校的影响等。通过对这些资料的考察也可以尝试着探讨一些有意思的问题，比如赞助对高阶学生的重要性和学生职业选择的定量分析等。这些构成了学生大学生活的主要内容。

### 一　学生的入学

目前对中世纪英国大学学生的入学年龄的认识，还停留在估测的水平，其实乃至整个北欧的其他学校的情况也不是很清楚，至今没有一个准确的说法。因为，像很多出于青少年时期的男孩在 8—15 岁期间就已经是大学城中的常住居民了。当然，他们并非都是直接来大学文学院上课的学生，绝大多数人是先到拉丁文法学校学习，以准备进入大学文学院。在这些适龄的年轻人中，那些没有天赋的学生在进入大学之前就被自然淘汰了，而天资聪慧的学生在 13 岁或 14 岁时就会被大学文学院录取。由于牛津和剑桥的学院情况不同，各学院在各个时期的情况也不同，因此无法找到较为准确的入学年龄限制。

在 16 世纪之前，牛津大学章程中没有关于入学最小年龄的规定。13 世纪中期的剑桥大学章程对此同样是个空白。在 14 世纪晚期时，剑桥的章程中规定 14 岁入学年龄的门槛。另外，学院的章程也偶尔做出说明。1380 年，剑桥大学国王学院的章程中提到，该学院从 14 世纪初期开始接受本科生，入学年龄不得低于 14 岁，印证了学校章程中的条令。但这只是文字上的规定，实际的平均入学年龄要大得多。15 世纪时新学院的平均入学年龄在 17 岁左右。所有资料都表明，牛津和剑桥的入学年龄为 14 岁，而 12 世纪的入学年龄在 15—17 岁。

从入学的学术标准上来讲，牛津大学和剑桥大学的情况也不能一概而论。自从讲座（lecture）和讨论（disputation）开始用拉丁文以来，学生的拉丁文的写和说的能力就成了必要条件，另外解决逻辑学问题的能力也是必不可少的。在这种形势下，除了像温彻斯特（Winchester）和伊顿（Eton）一样有雄厚基础，为大学输送人才的学校以外，其他学校就很难与大学的入学要求相吻合。因此也无法根据学生的入学情况，来评价中世纪英国的学校教学水平的高低。但有一点是可以肯定的，进入学院的学生往往比住在会堂、学堂或其他私人旅舍的学生更好评估。因为在当时，学院对学生通常比较挑剔，比如根据学生的口试成绩对学生进行评估。在 1500 年以前，大学都会明确标注新生的各项指标，比如年龄、社会背景、受教育经历、学术水平等。但随着 15 世纪晚期 16 世纪初，大学开始广泛接受本科生之后，这种评估就不再流行了。


## 二　学生的辍学

在英国中世纪大学，辍学是一种严重而又普遍的现象。由于缺少入学政策和系统统计，学生的入学水平参差不齐，客观上导致了不同学生在文学院学习的困难。很多人在没有完成文学院学位课程的情况下，就选择辍学了。还有一些学习不错，但特别贫困的学生，在花完了所有可能得到的援助资金后，只能选择辍学。有时，学生的学习态度也会导致辍学问题。如新学院（New College）的章程中声明丧失对学习的欲望，不能完成学位必修课程，也会被取消在学院学习的资格。如果一个温彻斯特学校毕业的学生在被新学院录取以后展现出对文学课程问题卓绝的处理能力，那往往就被认为是学校对学生的压力导致的，而非学生对大学课程的欲望。相应地，那些非正式教育（如地方神职人员）培养出来的学生失去对学习的欲望则被认为是想当然的。

当然，对于所有有能力完成课程学习并有足够生活资金的学生来说，获得学位的机会还是很大的。中世纪晚期，英国大学的本科生数量是随着大量实际上没有为大学课程做好充分准备的年轻人的加入而激增的。这样看来，中世纪大学远高于现代大学的辍学率是可以理解的。造成辍学现象的根本原因是英国中世纪大学没有人为的缓冲机制，来帮助学生克服能力和天赋上的缺陷。公平地讲，学生的辍学是当时环境下的自然结果。而作为学校机构，牛津和剑桥始终不承认大学对学生行为的导向作用。它们一方面鼓励学生追求学术，不惜一切代价获得学位，甚至为理想献身；另一方面，学校严格的学习方面的章程规定，苛刻的学位标准无不对学生施加很大的学习压力，让辍学者承受巨大的失败感。

尽管英国中世纪大学并没有对学生做任何正式的笔头测验的要求，但在学生整个本科学习过程的每个阶段点，都会由学院教师进行评估。因此，牛津大学和剑桥大学学位认定是基于对学者做出的一整套连续性的阶段评估基础之上的。鉴于这种全程跟踪的学位准则（mileage principle），学生必须听完规定的讲座，通过必要的口头考试，以便向学院的任课教师展示自身丰富的知识基础和对规定教材的掌握程度。另外，学生还需要通过各阶段学习课程及考试展示出在本专业学术领域中成为硕士教师的潜力。然而，这种情况在 15 世纪的牛津大学和剑桥大学有了很大程度的改善。考虑到章程对学生学习做出的如此烦琐的规定，学校开始考虑给予学生特许（dispensation）和恩典（grace），这样学生就有在不完全兑现章程规定的前提下获得学位的可能。但在赋予特许的同时，还会为学位制度带来难易度上的不确定性。实际上，很多学生都是迫于家庭压力而放弃学业的，打算以后有精力再重返大学继续学业。这样来看，阶段性的评估的学位制度还是会困扰他们。尽管如此，阶段评估制度的初衷还是为了让学生精通亚里士多德逻辑学，培养缜密的思维能力和卓绝的辩论能力。因此，出于如此的人才培养方案，标准再严格也不算过分。

牛津大学和剑桥大学的入学考试登记记录、综合学位授予名单等资料提供了较为可靠的学生辍学率方面的数据。牛津大学新学院采用的就是阶段评估制度，从学院的有效数据来看，从 1386—1547 年间，共有 1350 人通过入学考试，成为本科学者，其中三分之一的人中途退学，没有拿到学位。另外还有在上学期间死亡的 254 名学者，其中 124 名是本科生。据学者赖特（G. F. Lytle）估计，1390 年到 1510 年间，包括死亡人数在内的牛津大学新学院辍学率高达 35%。[1] 学者斯特雷（R. L. Storey）计算了从 1386 年到 1540 年的数据，结果与赖特的研究非常相符。他总结出有 1/10 的学生在入学的第一年就死亡了。延期毕业（至少要上 5 年）的学生中有七分之一的人在必修的 2 年中就退学了。[2] 这些数据显示了新学院由学术失利、不确定动机和死亡等原因导致的辍学率要超过其他居住在

① Lytle, G. F., *Oxford Students and English Society*: *c. 1300 – c. 1510*, Oxford Press, 1962, pp. 191 – 192.

② Storey, D., *The Foundation and the Medieval College*, *1379 – 1530*, New College Oxford, 1979, pp. 17 – 18.

会堂、学舍或城镇居民私人旅社的学生辍学情况。

尽管高辍学率是英国中世纪大学严重和持续性的问题，但其中有几点值得注意。总有一些学生来牛津大学和剑桥大学的学习目的不是为了拿学位。他们只不过想凭借在大学读过书的经历在求职中取得一定优势，或者继续去伦敦的律师学院（Inn of Court）① 或大法庭（Chancery）深造。即便是有些学生想获得学位，但能力不足，迫不得已中途退学，他们也可以充分利用在大学学习的经历来提升自己的优势。在当时的求职领域，即便没有学位，只在大学读过书也是相当有分量的。这类学者与有学位的毕业生一样，都能获得由会堂、学舍的负责人、学院院长或摄政教师写给雇佣者的非常有力度的推荐信。这在 14 世纪晚期和 15 世纪的牛津大学是非常普遍的。

### 三　学生的资助

无论到大学上学的目的是不是为了最终获得学位，学生都需要一笔经费来资助他在大学期间的生活。通常有两种类型的资助，一类是来自学院的助学金（college fellowship），另一类是来自教会的赞助性的圣俸（supporting benefice）。但并非所有人都能得到圣俸，要想得到圣俸必须得到主教的许可。自从学院为少部分硕士生提供食宿开始，学生便为获得助学金展开激烈的竞争。与其他欧洲大学一样，14 世纪的英国中世纪大学在教会圣俸的赞助上，基本依赖国际基督教会的资金运营来满足学生的圣俸申请。不少学生在本科生阶段就开始与教会交涉圣俸的问题，学者有权力向地区主教递送圣俸申请，牛津大学就有

---

① 英国伦敦培养律师的四个学院为：lnner Temple，Middle Temple，Lincoln's lnn 和 Gray's lnn。

很多此类书信往来。随着这种趋势的发展，赞助，特别是圣俸成了学生生活中的敏感问题。

从 14 世纪开始，牛津大学就有集中送递学者圣俸申请的习惯。如牛津大学默顿学院从 1317 年到 1335 年间就有记录，剑桥大学则始于 1331 年。递送申请并没有固定的周期，而是先收集一些申请的信函卷，然后等待一定的契机，比如节日或主教的更替，再一并投送。申请信的格式也因人而异，没有固定规范。牛津大学和剑桥大学一般都将各个层次学生：博士、硕士、学士和高阶学生（advanced student）的申请信收集成一卷，然后按照学生的资历从高往低排序，最优先的是神学博士。这种等级制的资助申请制度虽然不如同一时期西欧其他国家大学那样民主，但却有效地避免了混乱的局面。后来，15 世纪初期，教会在整个西欧范围内提出了限制申请数量的谕令。牛津大学相应地从 1404 年开始削减学生的申请。① 在此谕令影响下，西欧所有大学的学生申请数量锐减，激起了国际性的集体反对，这与民族国家的概念是非常不协调的。教皇尤金四世（Eugenius Ⅳ，1431—1439 年）也预见到了该制度的终结。

大学圣俸申请卷的制度还受到基督教会一些重要人士的影响。在英国，大学还要遵从副主教的安排。副主教提出的法令经过 1351 年的颁布和 1390 年的完善，有效地限制了学生申请数量的增长。而且即便是罗马教皇批准了申请，学生也不能马上获得赞助金。因为赞助金的颁发还要经过必要的手续，一般由地方赞助人来执行。这一过程通常会延期很长时间，有时甚至还有不服从教皇命令的现象。但不论学者能否得到赞助，最

---

① Lytle, G. F., *Patronage Patterns and Oxford Colleges c. 1300 – c. 1530*, The University in Society, 1945, p. 128.

后还是能够得到申请的回复。

基于对 15 世纪牛津学者的有限资料的考证，赖特提出教皇的赞助是英国中世纪大学硕士以上学生的主要生活资金来源。赖特通过调查发现，在 1301—1350 年之间，硕士以上学生有 48% 的人收到了来自教会的资助；有 26% 的人收到的第一笔赞助就是来自教会的。在 1351—1400 年之间，这组数据降到 40% 和 16%，无疑反映出了 14 世纪晚期教皇谕令的效力。[1] 随着教皇批准赞助制度的废除，牛津和剑桥的学生在 15 世纪初期不得不回归到对传统赞助的依赖，包括来自皇室、主教、贵族、上层绅士、大学学院和其他宗教团体的赞助。这几种赞助方式的比例相对平衡，没有太大的差距。由以上各渠道构成的学生赞助体系很好地弥补了 15 世纪英国大学赞助领域中由教皇退出造成的空缺。

## 四 学生的服饰

1500 年前，在社会影响下，英国中世纪大学学生的服饰逐渐发展起来。对于大批本科生来说，由于不与学院产生直接的关系，就没有统一的、有特色的制服。在 16 世纪前，学生普遍都要穿正式的教士服装，但此类规定有很大的弹性，没有作款式和颜色的要求，不一定非要穿暗黑色的教士袍。无学院标识的本科生服装就以其多元的样式和色调风靡了将近 300 年。中世纪时期，大学章程更多的是规定研究生以上学生的服饰，即各院系博士生和硕士生的服装。[2] 起初只有关于样式的规定，人

---

[1]  Lytle, G. F., *Patronage Patterrns and Oxford Colleges c. 1300 – c. 1530*, The University in Society, 1945, p. 128.

[2]  L. H. D. Buxton and S. Gibson, *Oxford University Ceremonies*, Oxford Press, 1935, p. 20.

们很容易根据服装款式就能分辨出学生的专业。但受本科生颜色各异的服饰影响，在 16 世纪时，研究生服装的颜色也被列为章程中的规定项目。

在 14、15 世纪，文学院硕士和博士的服饰均经过精细的修剪，不仅有线条清晰的内衬，而且会依据在院系中的等级而相应地装饰上各种毛皮。由此，礼服和兜帽上的毛皮和内衬成了学者身份的标识。在 1414 年剑桥大学的章程中，文学院的学士禁止在礼服上装饰毛皮或丝绸，只能在兜帽上装饰点羊羔毛；如果学生出身贵族则无限制要求，甚至可以装饰非常珍贵的毛皮。英国学术制服上可用的毛包括白鼬（miniver）、羊羔、兔子、貂毛（marten）、狼、狐狸、野猫或合成羊毛（popel，成分掺杂松鼠毛），内衬的材质包括丝绸、缎子。研究生服饰对本科生产生了很大吸引力，也是部分学生继续读学位的原因。由于本科生自定义服装模仿研究生和贵族的服装，导致鱼龙混杂，牛津大学从 1432 年开始限制本科生服装。1490 年，学校禁止本科生使用头饰，因为这是硕士生的标识。15 世纪，英国大学开始逐渐对出身贵族的学生做出让步，剑桥始于 1414 年，牛津则始于 1490 年。后来从宗教改革前期开始，随着大量贵族成员的加入，学术服饰的规定就越发复杂起来。这种情况从伊丽莎白时代一直延续到 18 世纪。

无论如何，学生服饰的变化都无法摆脱学者数量增长和富裕阶层时尚观念的影响。牛津大学 1313 年的章程就有一些规定用来提醒部分有教学工作的硕士生，不能在上课时穿着太过时尚的鞋子。1342 年坎特伯雷教区大主教（archbishop）在伦敦议会提出一系列禁令，以杜绝大学学生和教士在服装上的过度奢华，包括：禁止留长发、卷发、粉状（powdered）和过于女性化的头发；鞋子不能穿红色或绿色；斗篷的边缘不允许装饰昂贵的皮毛；手指不能戴镶有宝石的戒指；不能系昂贵的腰带；不能佩带剑或长刀。除了烦琐的装饰限制以外，很多学员还提出了学生只能穿天主教教会服装的要求，使成员的身份深入人心。在剑桥大学女王学院，学生的外套规定只能穿紫色，其用意是为了记住基督之血。14 世纪前半叶，国王会堂的学生外套颜色规定为蓝色或者蓝灰色，并且在 1444 年皇家服饰清单的记录中提到，国王会堂的所有学生（包括本科生和研究生）都得到了一块用于做制服的蓝色布料。① 牛津大学的牛津会堂的学生是英国大学中唯一穿着皇家制服（royal livery）的学生。在 16 世纪之前，凡是穿着制服的本科生都是来自那些有特殊标识制服的学院。

## 五 学生对图书馆的使用

英国中世纪牛津大学和剑桥大学的本科生的教育形式主要依赖于讲座和辩论，靠直接阅读书籍的教育形式只占很小的比例。在牛津大学有给学生提供民法、教会法和神学基础课程教材副本的习惯，剑桥大学没有这种记录。大学图书馆的概念从抽象到具体经历了较长的过程。1320 年，牛津大学的托马斯·科巴姆（Thomas Cobham）提议建立图书馆，但一直到 1412 年才基本完工，当年还只允许研究生使用。剑桥大学图书馆在 14 世纪上半叶完工并投入使用，到 1490 年时有章程法令规定只允许研究生使用。不仅校图书馆如此，各学院图书馆在 1500 年以前也都没有向本科生敞开大门，只有很少的学院图书馆对本科生例外，如国王会堂和新学院从 14 世纪初允许本科生和学术团

---

① Alan B. Cobban, *The King's Hall within the University of Cambridge in the Later Middle Ages.* Cambridge Univeristy Press, 1975, pp. 199 – 200.

体的年轻学者，在经过教师安排后，可使用图书馆。[1] 另外，还有一些书收藏在会堂和学舍里，像院长和助理研究生的书都能借给本科生；会堂和学生偶尔还会收到捐赠的图书。总而言之，英国中世纪大学的本科生基本不能从公共图书馆获益，而且又很少有人有钱自己买书，至少 1500 年以前世俗学者都是如此，牛津大概有 10% 的学生有自己的书，剑桥的这一比例为 9%。[2] 但书籍对于学生的影响更多的还是体现在研究生层次上，所以限制本科生使用图书馆的法令并没有太多地限制学术发展。在中世纪晚期，学院的图书馆对有学院教师身份的研究生的影响还是比较深远的。

英国大学最早的学院藏书起初都是用箱子（chest）储藏，后来改用一个房间来代替箱子，最后形成独立的建筑，也就是真正的图书馆。所有的学院在建院初期都有一些图书，而第一个学院图书馆的建设是由默顿（Merton）在 1373—1378 年间主持的，目的就是改善原先的图书储藏手段。新学院则是第一个在建院时就将图书馆列为设计蓝图一部分的例子。据学院创始者维克汉姆的威廉（William of Wykeham）作的统计，到 1400 年为止，学院图书馆藏书 246 卷；截止到 1500 年，保守估计已经超过 650 册。关于学院图书馆规模的大小，由于资料有限，很难给出综合性的具体概念。牛津大学玛格德林学院、新学院、默顿学院、万灵学院的图书馆在 1500 年前藏书量都比较大，万灵在 400 本以上，玛格德林在 800 本以上。巴利奥尔学院、奥里尔学院、林肯学院也都有图书馆，虽然规模不大，但确确实

---

① Ker, J., "Oxford College Libraries before 1500", *The Universities in the Late Middle Ages*, Oxford Press, 1967, p. 293.

② Alan B. Cobban, *The Medieval English Universities: Oxford and Cambridge to c. 1500*, Scholar Press, 1988, p. 382.

实有独立的图书馆建筑。大学学院、女王学院和埃克塞特学院的图书馆都有中等规模的藏书量。

剑桥大学的情况大致相同。1391 年，国王会堂图书馆虽然还没完全建成，但已有 101 卷藏书。1418 年，彼得豪斯学院有 302 卷藏书。1500 年前，基督圣体学院、克莱尔学院、国王学院、彭布洛克学院（Pembroke）和冈韦尔学院（Gonville）都有超过 100 多本藏书，到 16 世纪早期，冈韦尔学院就有超过 300 的藏书量了。女王学院在 1472 年有 224 卷藏书，是 15 世纪剑桥大学藏书最多的学院。总而言之，剑桥大学的藏书远不及牛津多，但也为学者发挥了服务功能。

牛津大学和剑桥大学的所有学院图书馆都将一小部分图书存放在资料室，并用铁链上锁，每个有学院成员身份的研究生都有一把钥匙，可以借阅此类书籍。其他书籍（主要是教材）向学生开放。在 1391 年，国王会堂有五分之一的书是锁起来的，剩下五分之四都是可以借阅的。默顿学院可以借阅的书更多。在 1418 年，彼得豪斯学院的 302 卷书籍有一少半是锁起来的。如此看来，英国中世纪大学凡是有学院教师身份的研究生都能很好地利用图书馆进行自学和拓展学习，而图书馆对本科生来说利用率比较低下。

## 六 学生的影响力

英国中世纪大学学生对大学的影响力是相对有限的。之所以说是相对有限，是将属于北欧的牛津和剑桥两所大学与南欧中世纪大学进行比较所得出的程度性概念。14 世纪欧洲南部大学都受到学生势力的严重影响，特别在瘟疫肆虐的环境下，以医学院学生为首的反对势力对由硕士教师组成的学校权威构成了一定的威胁，给学校带来的麻烦不亚于瘟疫本身。

以牛津大学和剑桥大学为例的北方大学，学生的势力没能具体化的原因十分复杂。因为牛津大学和剑桥大学的文学院在大学中占有最重要的地位，而在南部大学中，文学院只是其他三学院（医学院、神学院、法学院）的附属品。英国中世纪大学的绝大部分教育集中在培养年轻人，这些年轻人中大部分人又把文学学士定位为自身受教育的最高目标。因此，受限于他们的文化程度和心理成熟阶段，这些年轻人（很多还是未成年人）无法组成有组织的学生反抗势力，也无法诞生有影响力的学生领袖。北方大学的学生在政治意识和法律观念上普遍不如南方大学学生老练。而且北方大学接收的学生主要集中在下层社会群体，这些人没有社会背景，上大学为的是谋求一份理想的职业，功利色彩严重；入学年龄较小，被动地接受了牛津大学和剑桥大学严格的等级管理制度，即便是有些人对管理不满，也都不情愿地屈服于院纪、校规和教师权威。相比之下，南部大学的学生多来自于上流社会。他们有富足的社会背景，一大部分人还有贵族身份，平均入学年龄也要高于 20 岁，有些人甚至在上学的同时担任社会职务。这一类的学生在看待大学与学生的关系时，较英国学生更看重法治性和契约性。比起管理机构，南方大学学生更倾向于把大学、学院和教师看成是一个与自身地位平等的社会机构，把上大学看成是利用机构，把交学费跟教师学习看成是雇佣教师，以个人的方便为本，目的是得到一种服务，并通过学习寻找自己未来可能感兴趣的工作专业。基于这种契约关系主导的大学教育观，有政治思想的、心智成熟的南方学生就容易形成势力，对不满的大学学术和社会生活现状做出反抗。这是北方大学学生不能理解的，他们认为自己在大学中的地位就是学徒，而且在学术上的期望不高，对学位的需求也不是非常迫切。另外，英国牛津大学和剑桥大学教师对学生的家长式的管理，使得学生不能像南方大学学生一样形成有规模的势力。这从很大程度上削弱了学生运动的积极性。当然英国大学在管理学生上也得到了国王的支持，使得牛津和剑桥都没有让外籍学生形成有组织的团体。所以英国中世纪大学无法形成真正的学生势力。

### 七　学生的就业

基于中世纪英国大学所开设的专业，学生在就业方向上比较单一。1500年前的牛津大学和剑桥大学有很多获得学位的学生的就业记录，而那些没能获得学位的学生所从事的职业比较繁杂，也没有记录可查。根据仅有的记录也能略微概括出英国中世纪大学毕业生在社会中的去向。

学生最主要的就业去向就是英国各等级的教堂。在基督教管理高层的人才输送方面，如主教（secular）、大教堂的校长（chancellor），牛津比剑桥要略胜一筹。在1216—1499年间，牛津大学培养了57%的英国主教，剑桥只有10%。在15世纪最后40年，剑桥毕业的主教比例有了大幅增长，达到了16%，牛津下滑到31%。不过在将近300年中，剑桥对基督教高层人才的输送始终低于牛津。在被主教辖区接收的牛津和剑桥毕业学生中，法学专业的学生要多于神学专业和文学专业的学生。而在法学学生中，专精民法的学生要多于专精教会法或双修的学生。神学专业的毕业生也有不少人被主教辖区录用。如15世纪到主教辖区工作的学生，牛津有33名神学毕业生、50名法学毕业生和10名文学毕业生；剑桥有10名神学毕业生、18名法学毕业生和1名文学毕业生。亨利六世（Henry Ⅵ）对神学和神学家的青睐，使得神学毕业生的就业情况越来越好。在1443年到1461年间，正值亨利六世掌权，在主教辖区工作的神学毕业生数量超过了法学毕业生。这种情况一直持续到 1461 年约克派（York-ist）的亨利七世（Henry Ⅶ）。

牛津大学和剑桥大学在主教辖区工作的学生数量差距还体现在 secular 大教堂的校长这一职务上。在 1307 年到 1499 年之间，牛津培养了 58% 的校长，剑桥只有 10%。在担任主教和校长的毕业生中，法学专业生超过神学专业生。除了校长的职务以外，牛津大学和剑桥大学的毕业生在其他基督教会的高级管理层也得到很多工作机会，如财务主管（treasurer）、领唱人（precentor）、司法官（chancellor）、助理校长（sub-dean）、执事长（archdeacon）等能够得到较多圣俸的职位。基层的基督教教会职务也是学生们的一种选择，如教区神父（rector、vicar），在军队、医院或监狱工作的神父（chaplain），在小礼拜堂工作的神父（chantry priest），在学校学院的教堂工作的神父。剑桥大学有三分之一的学生就选择了这一类。

英国中世纪大学的学僧和天主教修士（friar）学生在毕业后大部分都去了郡一级的宗教团体，并成为高层领袖。牛津大学有 605 名，剑桥大学有 253 名，对于规模有限的大学来说，这不得不说是个惊人的数字。这些学僧和修士在任职后，运用自己的权力，经常派遣教会中的出色学员去大学进修，为英国大学的教育做出了巨大的贡献。

除了教堂以外，还有一部分大学毕业生去当学校老师（school teacher）。一般学生会在拉丁文法学校当普通的教师，更好一些的则会受聘于皇室、贵族、主教甚至教皇。但在 1500 年前，去当老师的毕业生并没有想象中那么多。教师与主教、校长、律师并称四大毕业取向。在律师方面，专精民法和双修的学生需求量比专精教会法的要多。值得一提的是，剑桥的神学毕业生在 15 世纪很受皇室青睐，或直接服侍国王，或服侍地区主管，或直接从事外交事务。最后，还有一小批人从事工作性质稳定且朴素的公证人（notary public）职务。这项工作要求并不低，一般来讲，仅有文学学位是不够的，还要有民法或双修的法学学位，但剑桥大学毕业生也有仅靠文学学位的文凭就获得工作的特例。

由此看来，在英国中世纪时期，学生上大学的目的中的功利色彩较重。正如屈勒味林所述："为这班人着想，大学实是取到职业上的荣誉之必经路径。凡不出身贵族之人而希冀在教社中得高位者舍大学外其道无由。凡欲藉自身的才智而为官吏，大人物的书记，医生，建筑家，或宗教法律家者亦须先得低微的僧秩，再经过大学的陶镕。"①

## 第三节　学者的大学生活

### 一　受压抑的娱乐生活

英国中世纪大学学生的娱乐生活是受压抑的。用现在的眼光来看，当时对学生娱乐方式的指导并没有遵循有益身心的宗旨。与北欧大部分学校一样，英国牛津大学和剑桥大学的状况，反映出基督教对肉体欢愉和放纵官能以求极乐的强烈否定态度。学校之所以持这种苛刻的态度，原因在于英国大学严重的纪律问题。但是不是英国大学的权力机构在一些不必要的问题上反应过激还值得讨论。比如，许多学院的章程都有禁止饲养宠物和禁止各种赌博活动的规定。1344 年，彼得豪斯学院禁止学者养狗、养鸟和猎鹰，因为这样做会分散学习注意力；骰子和棋

---

① ［英］屈勒味林：《英国史》，钱端升译，中国社会科学出版社 2008 年版，第 211 页。

类也是被禁止的，除非有特殊情况需要才能搞此类活动，以免影响学习。1340 年牛津大学女王学院同样也禁止学生玩骰子。1400 年牛津大学新学院章程中禁止养宠物的规定指定了：鹰、狗、雪貂、捕食性的鸟类，同样骰子和棋类也是明令禁止的，同样还禁止在上文学硕士之前刮胡子，因为这也被认为是娱乐性的活动。1443 年万灵学院（All Souls College）的章程沿袭了新学院的章程中对鹰、狗、雪貂等动物的禁令，但没有明令禁止骰子等其他形式的赌博活动，这也是棋类得以发展的一个转折点。从 1440 年开始，剑桥大学国王学院禁止了一系列动物的饲养：包括狗、雪貂、鸟、猴子、熊、狼、鹰和成年雄鹿（stag），还有钓鱼活动也是禁止的。骰子和其他赌博活动由于会导致财产损失，被列为非法活动。下棋则被准许。1479 年，牛津大学玛格德林学院（Magdalen College）在 1479 年的章程中加上了禁止饲养鸣鸟和禁止玩扑克牌的规定。16 世纪，剑桥大学基督学院章程规定除了圣诞节，学生禁止打扑克牌和 knuckle-bones，可以下棋。1517 年，牛津大学基督圣体学院（Corpus Christi College）章程规定禁止养狗、雪貂、鸣鸟，禁止打猎、玩骰子、打扑克。但值得注意的是，他们提出了可以在学院的花园里进行一项有益身心的活动——手球（handball）。① 从以上章程规定中可以看出，学校对鸟类、动物和赌博活动禁止的主要原因是反对学生浮躁的生活方式，认为这些会分散学习注意力。牛津大学女王学院 1340 年章程中此类禁令有独特的解释方式，他们认为之所以不允许学生饲养动物和打猎，是出于要保

---

① Alan B. Cobban, *The Medieval English universities: Oxford and Cambridge to c. 1500*, Scholar Press, 1988, pp. 361 – 362.

持一个纯洁和高效的学习环境。另外，女王学院章程还禁止在学院里使用乐器，除了有特殊场合的需要，因为他们认为演奏音乐会导致放纵和轻浮，无益于学习。

1483 年牛津学堂（Oxford hall）的 aularian 章程中禁止了学生一系列的娱乐活动，如玩骰子、桌面棋盘游戏（board-games）①、手球、圆盾剑士游戏（sword and buckler play）②（见图4—1）。尽管这些娱乐活动都非常有趣，但学堂章程力求推广无害的社会活动，鼓励学生以群体的方式开展适当的户外活动。③ 这是一条重要的信息，因为大学权力机构都开始认识到学生锻炼身体的重要性，而且发现学校用于提供锻炼的可用资源并不多，除了章程中允许的活动以外，大学基本不对学生的活动做任何指导工作。④ 牛津和剑桥都欠缺有组织的体育活动机构和团体，也没有院际或学堂之间的竞赛活动。尽管学校有禁令，但也无法阻止学生参与城镇和周边的体育活动，即打猎、钓鱼和街道组织的跳舞活动。

大学权力机构对非学术活动的反对态度不可避免地引发了学生的反感。由于学生数量庞大，学生团体强大的独立性、自由性，大学里出现了大量不道德的、混乱的学生酗酒、赌博甚至是犯罪的行为。这种现象在整个西欧大陆的中世纪大学中都很普遍。尽管大学、学院都设立章程，禁止学生光顾酒馆和妓院、禁止在城里携带武器，但是收效甚微。学生仍旧频繁地去

---

①　桌上游戏最初是用来特指一种通过将一些指示物或者物件在特定的图板上（通常是为某个游戏而设计的）放置、移除或者移动来进行的游戏。

②　圆盾剑士游戏是一种击剑游戏，是当时风靡伦敦的社交活动。另外，也很受拦路强盗（highwayman）的欢迎。

③　J. I. Catto, *The History of the University of Oxford*, Oxford Press, 1984, p. 183.

④　L. Thorndike, *University Records and Life in the Middle Ages*, New York：Octagon Books, 1971, p. 154.

酒馆，醉酒闹事，然后以暴力的方式用利器伤人，导致恶性犯罪事件，这些在牛津验尸官的记录中都可以找到活生生的例子。①

图4—1 圆盾剑士游戏

## 二 学校对学者的惩罚措施

从 13 世纪开始，牛津大学和剑桥大学加强了对学生、教师和城镇居民的惩罚力度。如校长有权剥夺学生的学位，有权禁止摄政教师（regent master）讲课。对于情节严重的学生，校长可处以罚款、暂时性或永久性驱逐、短期徒刑等惩罚。最严重的方式莫过于开除教籍。1483 年牛津会堂章程中注明，最常见的惩罚方式就是分等级的罚款制度。遗憾的是，剑桥学舍并没有把此类资料保存下来。

根据牛津学院章程（aularian），需处以罚款的行为包括：顽固的异端思想、用餐时的不雅行为、诋毁会堂的声誉、泄露会堂的秘密、与名声败坏之人为伍、参与禁止的活动、在大门关闭后翻越会堂的围墙、未经允许在会堂外过夜、未经允许离

① Alan B. Cobban, *The Medieval English universities*：*Oxford and Cambridge to c.* 1500, Scholar Press, 1988, pp. 363 - 364.

开牛津镇。另外，还有一系列罚款是针对学生在会堂里煽动或制造混乱的行为而制定的。在罚款制度的威慑下，学生一般不会刻意制造国籍之间、社团之间、学院之间的冲突。武器除了在旅行之前或刚旅行回来时可以携带，其他情况下都不允许佩带。学生不仅会因携带武器而被罚款，而且偷着将武器借给城镇其他人也会被罚款。此外，以下行为也会处以罚款：将没有刀鞘的刀带到饭桌上；用拳头、石头，或任何器具殴打其他学生；如果被打伤的人流血，则罚金翻倍；如果是再犯则处以开除的处分。有些学习方面的章程规定是以罚款的制度来保障学生的课程学习和履行学校的规章制度。有一些特殊的条款，如除了盛大节日以外，学生在会堂区域只允许说拉丁语。这在很多学院的章程中都有提及，剑桥的彼得豪斯学院和牛津的奥里尔学院（Oriel College）和女王学院还允许学生在会堂说法语。[1]

学院章程（aularian statute）中关于学院餐饮的规定证明了不是所有的会堂都为学生提供餐饭，由于各学院的情况不同，会堂的规模也不一样，学院为学生提供的食宿情况各异。有的学院会堂只提供住宿和上课用的房间，没有餐厅。凡是有提供餐饭的学院，在章程中都有一些关于吃饭的规定与违反规定的惩罚措施，如在开饭时迟到则有罚款或没收食物的惩罚。到 15 世纪晚期，牛津大学和剑桥大学的所有学院、学堂基本上都已经提供学生两餐了，包括早晨 10 点或 11 点的午饭和下午 5 点的晚饭。早饭也越来越普及，另外还有学院提供一顿有啤酒的夜宵。学院章程中还有关于爱护会堂公物的规定，特别是织物等（fabric）装饰品。违规罚款的行为包括：破坏灯芯草、破坏用

---

① Alan B. Cobban, *The Medieval English universities: Oxford and Cambridge to c. 1500*, Scholar Press, 1988, p. 366.

于铺地板的稻草；在桌布上泼溅液体、划破桌布；损坏桌椅、墙壁、门窗；打破玻璃或家具还需另付维修费用。学校鼓励学生保护会堂周围的环境，踩踏草坪和破坏植物都要罚款。学院有时会安排学生去花园里做园艺劳动，如果不去则罚款。出于对饮水卫生的考虑，如果学生在打井水的水桶里洗手也要罚款。

在惩罚手段上，各学院章程都不尽相同，但罚款制度是 15 世纪早期牛津各学院公认的最有效的惩罚手段。另外一种在中世纪晚期的学院、会堂里开始使用的惩罚手段是体罚（corporal punishment）。在牛津学院章程中提到，对于情节严重，罚款不足以解决问题的学生要施以体罚。体罚通常由学堂负责人在周六晚上公开执行。如牛津大学女王学院有对学习文法的男生鞭打（birch）的例子。

剑桥大学体罚的最早记录来源于国王学院。1440 年，学院院长有权打那些有严重罪行的学者和学生。1479 年，牛津大学玛格德林学院章程中允许对有津贴的学生处以体罚，由学院任教的文法硕士来执行。在剑桥大学基督学院，对迟到和没有完成学习任务的学生，如果成年则罚款、未成年则处以体罚。1521 年，牛津大学布雷齐诺斯学院（Brasenose College）对学生行为的处罚相当苛刻，只要是迟到、捣乱或缺席教会活动就会被处以体罚。1525 年主教学院（Cardinal College，也译作卡蒂诺学院）的创建者托马斯·沃尔西（Thomas Wolsey）① 提出了体罚要有年龄上限，并规定接受体罚者不得超过 20 岁。1572 年，剑桥大学冈韦尔和盖马丝学院（Gonville and Caius College）

---

① 托马斯·沃尔西（Thomas Wolsey，约 1471—1530 年 11 月 29 日），英国政治家，亨利八世的重臣，曾任大法官、国王首席顾问；同时也是一位神职人员，历任林肯主教、约克大主教、枢机主教。

的负责人盖马丝博士（Dr Caius）在章程中规定体罚对象不得超过18岁。

上述资料显示，英国中世纪大学在15世纪晚期开始设立鞭打的体罚措施，在个别学院可能出现的时间更早。后来在16世纪，鞭刑的体罚得以发展，并成为主要的体罚手段，对英国中世纪大学学生生活影响深远。

### 三 节日庆典

虽然英国中世纪大学对日常娱乐活动持普遍抵制的态度，但每年的基督教节日还是会有很多庆典活动，如12月6日的圣尼古拉斯日（St. Nicholas）、圣诞节以及12月8日的圣婴日。学院和会堂都会在节日当天给学生们破例，搞各种狂欢活动，并将权力赋予学生。如选出节日的角色：暴政的君主、圣诞节之王、豆子王（king of the beans）等。在牛津大学默顿学院，豆子王是在圣诞期间主持活动的角色。被选中的学生从11月19日到圣烛节（Candlemas）都有专门的办公室，有学生主教之称（boy-bishop），如牛津大学新学院在圣婴日选出主持活动的学生；剑桥大学国王学院在圣尼古拉斯日选出负责主持活动的学生代表；15世纪晚期牛津大学玛格德林学院的学生主教。在15世纪晚期的英国中世纪大学还出现了吟游诗人（minstrel）（见图4—2）的娱乐表演。剑桥大学彼得豪斯学院在1388年就接纳了两个来访的吟游诗人。国王会堂的记录也显示，在14世纪前半叶，大学中经常有吟游诗人来表演。

国王会堂是大学中吟游诗人表演的主要场地。在节日庆典期间，吟游诗人以个人或团体的性质有规律地在各学院表演，

图4—2　吟游诗人

如主显节（Epiphany）①、万圣节（All Saints）②、圣诞节、圣婴日，还有5月5日爱德华二世（Edward Ⅱ）的葬礼，爱德华二世是国王学者社团的创始人（Society of King's Scholar）。根据表演种类，吟游诗人也有多种专业称呼，如：ioculator, iugulator, menestrallus, ministrallus, mimus, histrio, lusor, ludens, tripudians, fistulator, buccinator, tubicens, wayt, pleyar。由于种类繁多，名称各异，很难将他们分类。但从名称来看，有些甚至搞不清楚具体从事何种表演，只能大概分为专业表演者和业余表演者两大类。有些名称比较确定，如 fistulator 是一种笛子吹奏者，buccinator 和 tubicens 是吹号者，这三种都是专业音乐演

① 主显节，为每年的1月6日。原本是东方教会庆祝耶稣诞生的节日。在古代的思想脉络中"主显"（Epiphaneia）一词的希腊文原意是：一位神出现，使人肉眼可以看见；或是一位被当作神崇拜的皇帝，到他王国的某一城市拜访，使当地的居民能看见他。

② 万圣节，也称 halloween，为每年的11月1日，源自古代凯尔特民族（Celtic）的新年节庆，此时也是祭祀亡魂的时刻，在避免恶灵干扰的同时，也以食物祭拜祖灵及善灵以祈平安度过严冬，是西方传统节日。

奏者。再如 tripudians 是一种跳敬神舞的演员，经常出现在国王会堂和剑桥圣玛丽教堂；wayt 一般是从业于市镇的表演者，但有时承接大学的表演。除了这些单人或小团体的巡回演出，英国中世纪大学有时也会有来自教区、市镇、皇家和贵族的表演团体造访，如来自万圣教区（All Saints Parish）、剑桥市镇的穿统一制服的民间团体；服侍国王或女王的皇家演员团体；索尔兹伯里伯爵（earl of Salisbury）、诺福克公爵（duke of Norfolk）、埃克塞特公爵（duke of Exeter）的专业剧团。偶尔还有皇室或贵族的演员只身前往大学表演，如 1468 年来访的约克女伯爵（duchess of York）的一位哑剧表演者（mimus）；1532 年和 1534 年来访的国王的魔术师。每年最热闹的节日庆典莫过于有吟游诗人表演的圣诞节和圣婴节。在节日期间，学校学生会花费一些费用邀请镇上的人、学校中身份显赫的人、学院负责人及全家、天主教的修士和其他客人。如 1468 年请表演者和客人花费了 2 英镑 2 先令 9 便士。

自 15 世纪晚期到 16 世纪早期，还有一些学生自发组织表演舞台剧。如牛津大学玛格德林学院从 1486 年开始就经常有宗教背景的戏剧表演，还有 1530 年的卡蒂诺学院、1542 年的布雷齐诺斯学院、1546 年的基督教堂。在剑桥大学的国王会堂，特伦斯（Terence）在 1510 年和 1516 年演出过喜剧，其中第二次演出是由未成年的孩子在家长的监护下参加表演的。演出的节目也都是英国中世纪大学里的古典拉丁剧目，如圣约翰学院在 1536 年演出的阿里斯托芬（Aristophanes）① 的普鲁托斯（Plu-

① 阿里斯托芬（Aristophanes，约前 446—前 385 年），古希腊早期喜剧代表作家，雅典公民，生于阿提卡的库达特奈昂，一生大部分时间都在雅典度过，同哲学家苏格拉底、柏拉图有交往。

tus，译作财神）。学校权力机构虽不十分赞同，但还是容忍了在学院和会堂的戏剧表演。因为，校方认为出演的剧目除了娱乐性以外，还附带有古典剧作家作品特有的教育性。另外，由于女性不允许参演戏剧，剧中的女性角色只好由男性来扮演，如牛津大学玛格德林学院 1518 年就有学生购买用于舞台剧的女性假发的支付记录。

### 四　大学中女性的地位

对于女性地位的负面观念一直弥漫在中世纪的英国大学中。大学权力机构始终认为，大学应该尽量将女性排斥在外。因此，在多数情况下，女性在大学的地位都是很低的，只有女捐赠人的地位还算可以。无论是学院创始人，还是学生助学金的借贷人或赞助人，都还算有一定的地位。在牛津大学和剑桥大学的学生生活中，女性直接或间接地发挥着作用。一般的女性零售商特别是在酒馆里贩卖麦芽酒的女性与学生的接触很多。在学校出台学生在校住宿的规定之前，很多有房的女性提供了学生在大学期间的住宿。大学的学院基本不为女性提供工作职位，如牛津大学的默顿学院、奥里尔学院、新学院、万灵学院，剑桥大学的国王学院都只接收男性服务员，他们声称学生与女性接触很可能引发不道德的性行为。只有女性洗衣工是例外，因为很难雇佣到男性的洗衣工，所以只要符合要求，女性洗衣工就能在大学找到工作。比如：在新学院、万灵学院和国王学院，对女性洗衣工的要求是必须为城镇的定居居民，而且要有一定的年龄限制。在彼得豪斯学院、国王学院、新学院和万灵学院都明确规定，所有的衣物都必须由学生交给中间人，再由中间人转交给女洗衣工，洗过的衣物在归还时则如法炮制。彼得豪斯学院还加上一条：禁止女洗衣工，特别是年轻女洗衣工，以给学生洗头之名进入学生的房间。可见学校是尽一切可能避免学生与女性的接触。

一些学院允许学生接触女性来访者，但此类情况比较少见，而且有特殊的规定。如彼得豪斯学院允许学生在大厅或其他公共场地会见来访的女性亲戚或其他有一定声誉的女性，但同时必须有其他学生或者学院的服务人员陪同，并且会面要尽量简短，以防学生被欲望驱使做出邪恶之事。在剑桥大学基督学院，女性可以在学生患病时进出学生的房间。在牛津大学基督圣体学院，学生的母亲或姐妹可以进入学生房间访问学生。种种迹象表明，中世纪大学对女性的态度非常消极，认为女性是引发性问题的祸源，必须把学生同女性隔离开来。

卖淫（prostitution）是大学城镇里的一个长期而又普遍的问题。城镇中的卖淫问题一直不能根除，学校只能经常性地派人组织打击行动，为的就是还学生以纯洁的社会环境，并树立正确的婚姻观。尽管法律禁止，但牛津大学和剑桥大学一直存在卖淫活动。在 1317 年和 1327 年，国王禁止私娼（common woman）居住在剑桥大学城镇及城郊。剑桥校长积极响应，镇长（mayor）和法院执行官（bailiff）也遵循法令，每年进行 4 次以上的驱逐私娼行动。1459 年，剑桥校长被赋予了一项权力：有权将娼妓驱逐出剑桥镇方圆 4 英里的范围。1461 年，爱德华四世（Edward Ⅳ）赋予牛津校长将娼妓驱逐出方圆 10 英里的权力。根据牛津校长的记录，在 1434—1469 年之间，娼妓被处以监禁、驱逐、罚款或枷刑等刑罚手段。值得注意的是，许多被驱逐出城镇的娼妓都是已婚女人，而且校长在处理此类事件时往往要直面庞大的卖淫网络。但是，有很多学者也卷入到卖淫事件中。如 1444 年，学者 Hugh Sadler 就被神父命令到校长法庭接受审判，罪名是扰乱社会治安和支持卖淫。他和许多学者都声称与附近歌德斯托（Godstow）女修道院的修女产生过不正当关系。大学权力机构最多也就是能够遏制卖淫活动，因为大学只反对放纵肉欲，而没有积极引导学生正确地、合法地放松身心。因此，大学和学院对学生行为的审判职能加剧了对学者群体的心灵创伤。卖淫问题在很大程度上影响了大学对女性的态度，是长期以来女性地位低下的根源。

事实上，并非所有学院都排斥女性，如国王会堂就是例外。国王会堂的章程中就没有对女性的特别要求，而且学生还能参与剑桥镇犹太人居住的万圣教区（Cambridge parish of All Saints in Jewry）女性的一种名为 hocking 的活动。会堂还会为学生的参与而支付一定的费用，并在活动结束后为教区女性提供一顿慈善晚餐。这也是大学中少有的不排斥女性的例子。

### 五　瘟疫对学者生活的影响

在英国中世纪大学的社会生活中，瘟疫（plague）一直威胁着学者的生理健康。中世纪医疗水平的局限性和瘟疫的高发性、周期性和广域性使得瘟疫肆虐。牛津和剑桥的学者在饮食和起居方面的条件比其他地方的普通人要稍好，即便是 14、15 世纪最落魄的学者也要高于平均水平。而且大学团体中学者大部分是适龄的青壮年。由于资料的限制，黑死病（见图 4—3）对英国大学的影响基本无法得出统计学上的结论。可以肯定的是，瘟疫引发的死亡导致 14、15 世纪牛津大学学者数量的减少，但在没有人口统计学的基础上，任何结论都显得可信度不强。根据学者考特尼（W. J. Courtney）对 1348 年 9 月黑死病爆发之前死亡的 87 名定居在牛津的神学家所做的调查，他得出结论认为黑死病对学者数量的影响并不能算是灾难性的。[①] 尽管有调查作为支撑，但从调查的样本范围来看其结论缺乏说服性。剑桥大学学者在 1349 年和 1361 年就先后两次遭受了黑死病的袭扰。但牛津的资料缺乏，很难说两校谁受的影响更大。1349 年剑桥大学国王会堂的教师学者有 16 人成为黑死病的牺牲品，1361 年 2 月会堂负责人托马斯·鲍伊（Thomas Powys）和另外 8 名学者也难逃死劫。这种死亡率在学校其他学院是否属于典型，就不得而知了。

图 4—3　黑死病（black death）

在 14 世纪，牛津大学和剑桥大学的学者还没有逃往瘟疫影响外的农村地区的习惯。瘟疫导致流行病的影响范围经常很大，波及大学和乡村等大部分地区，这也从客观上使人们丧失了撤离的积极性。15 世纪在英国爆发的瘟疫主要集中在城市地区，

① W. J. Courtenay, *The Effect of the Black Death on English Higher Education*, Speculum Press, 1975, p. 696.

大学学者因此有了前往乡村庇护所的选择。牛津大学默顿学院的学者集体前往牛津郡的乡村，如库克斯汉（Cuxham）和艾斯利普（Islip）；玛格德林学院的学者迁往牛津郡的伊云港口（Ewelme）和惠特尼港口（Witney）、伯克郡（Berkshire）的沃灵福德（Wallingford）、北安普敦郡（Northamptonshire）的布拉克利（Brackley）；林肯学院的学者躲到牛津郡和白金汉郡（Buckinghamshire）村庄的房子里。剑桥的学者也以团体或个人的方式离开学校躲避瘟疫。在 16 世纪早期，大量的学者在瘟疫爆发期间迁往无名港口，一待就是几个星期甚至是几个月。不过英国大学学院的学者在被迫流亡期间都能得到来自学院的一笔补贴，有时他们还会带上自己的家人。

　　牛津大学全校教职员大会（congregation）在 1448 年到 1463 年出台了应对性的动议（grace）和特许（dispensation），允许学生在瘟疫期间缺席学位课程。动议主要是允许学生到剑桥大学或其他大学去上牛津章程中的学位必修课程。特许则大多是针对个别学生的特殊问题而提出的。1452 年瘟疫爆发期间，牛津大学文学院特许学者以参与 12 个普通讲座课程来抵学期的必修讲座课程。由于瘟疫的频发性，牛津大学 15 世纪中期的学术生活经常被打乱，而且还引发各种疾病，让学者痛苦不堪。剑桥大学亦如此，瘟疫导致的流行病夺走了很多人的生命。16 世纪早期，国王学院和林肯学院经常有一些与牛津大学很相似的流行病病例。周期性的瘟疫和发热类疾病使得大学不得不一直关注疾病的发展态势和死亡的弥漫程度。一时间，大学周围小教堂的葬礼活动安排得十分紧凑，成为瘟疫肆虐的惨痛标识。

# 第 五 章

# 英国中世纪大学早期发展蠡测

## 第一节　影响英国中世纪大学早期发展的因素

### 一　追求大学自治之路

英国中世纪大学置身于英国封建社会森严的等级管理体制中，受制于英国封建君主、基督教会（实际上还有罗马教廷，但其影响较前两者来看甚微）之下，秉承最早一批兴起的欧洲大学（意大利的萨勒诺大学、博洛尼亚大学和法国巴黎大学）的意志，为了生存与发展一直不懈地寻觅自治之路，并为之付出了巨大的努力。

就自治本义而言，包含多层含义。大学的自治则特指学校的自行管理、处理以及学者修养自身的德行。从自治含义中可知，一方面仰仗封建社会管理机构所赋予的行政自治权力，另一方面有依赖于学者对自身的道德约束。而这两种追求始终贯穿于大学的萌生与演变过程。

中世纪英国的大学脱胎于基督教会的办学，是中等学校教育的延伸，乃学者行会的外在表现形式。英国中世纪大学源于教会、受益于教会并且最终为了自治而彻底摆脱教会，虽不能说有负于教会的办学初衷，但也不能完全以践行自治来体现大学的成就。自治对大学的意义不可估量，是大学形成的里程碑，并且追求自治的过程本身也是步履维艰。在英国中世纪大学的学者团体中很多师生都有着修士身份，享有教会的圣俸与特权，想摆脱教会的约束和管理，追求学术的自治，绝非易事。校长的任命、课程的设置、教材的选择、学者的管理、皇室和教会的豁免等方方面面都是大学自治的体现。如果没有对自治的追求，大学不可能实现从无到有、从虚到实、从松散管理到有章可循。因此，毫无疑问，学者对学术自由和管理自治的追求是大学早期发展阶段的潜在因素。

## 二　大学的法律保障

中世纪牛津和剑桥大学的特许（charter）和章程（statutes）都是具有律法性质的文件。特许一词源于罗马法中特权的概念。彼得罗·彭梵得在《罗马法教科书》中指出："特权通常是对一个人或一个阶层的照顾性条件，对其负担或其他义务性规则的豁免；但是，也有可能有令人憎恶的特权。"① 最初，牛津大学数次申请教皇授予特许状都未成功，因此转而向英王提出申请，由英王给予相应的特许来建立它们的法律地位。国王则按惯例仿照巴黎大学设置了校长（chancellor）。来自教皇的特许则较晚，牛津是在英诺森三世在位的 1200 年，剑桥则是在英诺森三世到洪诺留三世的 1209—1225 年间。教皇的特许主要包括学校的产权、学校的办学权、学者对于法律的豁免权、学者生活资本的各种优惠政策等，参照了西欧中世纪行会的特许，客观上为大学发展提供了有利条件。

---

① ［意］彼得罗·彭梵得：《罗马法教科书》，黄风译，中国政法大学出版社 2005 年版，第 9 页。

**图5—1 牛津大学章程**

　　受古罗马法传统和中世纪行会组织的影响，英国中世纪大学各级组织机构章程的制定都有参考之前同类文件的习惯。尽管特许的批准由教皇和国王来决定，但大学各级机构章程的制定权一直保留在大学手中，如牛津大学早期学舍和会堂的章程（见图5—1）制定都仿照巴黎大学的例子。14世纪兴起的学院也是如此。为了保证自治性，学院章程是必不可少的。学院章程规定学院的办学理念和特色、学院发展目标和定位、学院与其他组织的各种关系、学院的领导体制、学院各种奖惩条例等重要内容，是学院建设和发展的基石，因此章程的各种法令必须具有很高的认可度。

　　在章程起草之初，为了尽可能完善管理制度，制定者往往参照之前同类机构法令。在教学制度和学位制度方面，如学位的种类、学制的期限、教学的内容、教材与教法、必修的科目等都会参照牛津、剑桥之前的条例，或参照当时巴黎大学、博洛尼亚大学等名校的同等机构条例。在礼仪和日常管理规定上，如学者的膳食住宿、服饰穿着、娱乐活动、道德标准、奖惩等级，大都参照同类教育机构和教会的文化传统。对于新兴事物或新社会现象的出现，大学则会制定特殊条例，对原有的章程进行补充、更新。因此，随着大学的发展、学院的兴起和社会的变迁，大学各级各类章程在继承传统的基础上，不断完善，越发具体，使得学校的各级各类管理都能做到有法可依，为大学发展提供了可靠的保障。

### 三　改变命运的学者身份

中世纪晚期英国的经济发展水平是不断提高的，特别是工业的发展有了长足的进步，如英国的毛纺织业在当时享有突出的地位，是中世纪晚期英国最重要的历史事件之一，英国也成为当时西欧重要的工业产品出口国。这一方面得益于英格兰充足的水力资源，使得当地可以大量使用水磨漂洗机，在技术水平上超越其他产地的风磨；另一方面，英格兰是得天独厚的羊毛原材料产地，不仅能够满足本地制造商的需求，而且支付价格远超其他国家。由于技术和金融所带来的崭新的有利机会把资本和劳动力都吸引到了英格兰布业中来，特别是外国纺织业的熟练手工艺人，也大量迁入英格兰地区。[①]

随着纺织业的规模化发展和外来劳动力的激增，社会的阶级分化逐渐明显，加大了普通劳动者跻身上层社会的困难。在

---

① 王春法主译：《剑桥欧洲经济史》第 2 卷，经济科学出版社 2002 年版，第 563 页。

传统的英格兰封建农业经济社会向具有资本主义性质的工业经济社会转变的过程中，富裕农民阶层逐渐兴起冲击了封建贵族体系，而早期资本的积累成为他们的有力武器。对于大部分普通农民来说，如果没有意外，在青壮年时就已经是主要的劳动力了，靠农业劳动所得的微薄收入仅能满足温饱，无法彻底改变命运。在这种社会环境下，去上大学从而获得学者身份便自然而然地成为人们的另一种选择。

英国中世纪社会的大学学者身份有着优厚的待遇和美好的前程。大学学者受教皇的支持。罗马教廷承认学者的各项活动的重要性与价值，取消对大学的世俗管辖权，将大学置于教会管辖之下。大学成员都有教士身份，地方上的主教把他们看成是自己的部属，教学活动也从属于教会。学者有各种世俗特权，如免除地方税收、廉价的餐饮和房租等。对大学成员来说，一旦拥有学者资格就等同于摆脱了劳动者的卑微身份，即便是最贫穷的大学生，也可以摆脱世俗的枷锁，他们不用通过劳动来换取生活资本，完全可以靠各种助学金度日。在他们看来，获得学者身份就能够彻底改变出身，成为有社会地位的人，如吕特勃夫①这位最穷困的大学生诗人，则骄傲地宣称："我决不是手工工匠。"② 正是这种观念使得大批下层社会的年轻人选择进入拉丁文法学校，然后迈入大学的校门。而且事实上随着宗教改革和黑死病等事件的进展，大学学者的就业前景也越来越好。从13世纪开始很多高学历的毕业生出任主教、副主教、教会机构成员、顾问和部长，上大学从真正意义上为改变命运提供了

---

① 吕特勃夫（？—1280年）是中世纪第一个优秀的市民抒情诗人，出身于社会底层。他的诗歌多半描写自己的贫苦生活，讽刺僧侣和贵族。

② ［法］雅克·勒戈夫：《中世纪的知识分子》，张弘译，商务印书馆1996年版，第95页。

捷径。

中世纪末期的英国大学学者，最终摆脱了劳动阶级，加入特权集团。大学成员已转到依靠封建的，确切地说是领主的或者是资本主义的收入生活的社会阶层方面。正像马克·布洛赫出色地描述的：“大学成员们为替自己建立贵族体制，不得不求助于通常社会阶层与个人为进入贵族社会而使用的手段：他们过贵族式生活。”① 正是这种人们对学者身份的追求，客观上为英国中世纪大学的早期发展提供了人口基础和生源保障。

### 四　文艺复兴呼唤思想圣地

12 世纪文艺复兴的概念是由查尔斯·霍默·哈斯金斯最先提出来的。虽然彻底改变西欧社会的是 15 世纪的文艺复兴，但产生于 12 世纪的文艺复兴对大学的产生具有更加深远的影响。海斯汀·拉斯达尔认为：“12 世纪的文艺复兴是一次伟大的文化运动，其在欧洲文明史上的地位甚至完全可以与宗教大改革以及法国大革命相媲美。”② 有些学者甚至将 15 世纪的文艺复兴称为 12 世纪的文艺复兴的延续，“中世纪文艺复兴与 15 世纪文艺复兴之间不存在真正的断裂”。③

到了 13 世纪初，几乎所有的重要古希腊著作都已经翻译完成，从此知识迅速地在大学流传开来。翻译运动最初始于 12 世纪意大利南部和西西里，后在西班牙、法国等地广泛开展。翻

---

① ［法］马克·布洛赫：《封建社会》（上卷），张绪山译，商务印书馆 2004 年版，第 45 页。

② Hastings Rashdall, *The Universities of Europe in the Middle Ages*, Vol. 1, Oxford University Press, 1958, p. 18.

③ ［美］查尔斯·霍默·哈斯金斯：《12 世纪文艺复兴》，夏继果译，上海人民出版社 2005 年版，第 10 页。

译运动的盛行使得古希腊哲学家和科学家的著作重新在欧洲问世。此外，一些阿拉伯和犹太学者的著作也同时进入欧洲。

基于这些新资料，知识分子将古希腊哲学、科学与基督教教义相结合，于是便有了经院哲学的兴起。14 世纪前半叶有许多科学著作问世，其中大多是经院哲学家对亚里士多德的著作做的注解。这些经院哲学家熟于学院的技巧，而且支持罗马天主教会的学院教育，包括方法、理论及逻辑，信仰经验主义而反对基督教神秘主义，反对柏拉图和圣奥古斯丁的二元并存理念以及世界本身就是有罪的观念。经院哲学的兴起，推动了文学学科和神学学科的发展，对像英国牛津和剑桥一样的北欧大学的学科发展起到了巨大的推动作用，英国中世纪大学也为经院哲学提供了探讨和辩论的空间。

另外，12 世纪欧洲的文艺复兴带动了西欧科技的发展，新发明和新技术的产生基本上改变了传统的生活方式，不论生产力的提高还是经济上的增长都间接地影响了大学。在不到一个世纪的时间内，实用的新发明及发展的数量就胜过前 1000 年间的全球人类的发明总和。这个时期的主要科技发展包括被普遍化或新发明的印刷、火药、眼镜、更精准的时钟或是天文望远镜，还有更先进的船只，后两项发展促成了地理大发现的来临。史学家艾弗瑞·克罗斯比（Alfred W. Crosby）描述这一时期的科技发展时提道："文献记载最早的风车出现在 1185 年的英国约克郡；纸工厂在 1270 年左右于意大利出现；纺车大约在 13 世纪进入欧洲，据猜测是由印度传入；大约在 12 世纪末欧洲人初次利用磁力指南针；眼镜于 1280 年在意大利发明；天文望远镜经由穆斯林控制的西班牙重新传至欧洲；比萨的列奥纳多（Leonardo of Pisa）在 1202 年的著作《计算之书》（*Liber Abaci*）

中向欧洲人引介了阿拉伯数字。"① 科技的发展无疑推动了作为文艺复兴圣地的大学的发展，特别是纸张的生产，使得古文献资料的传播更加便利，也带动了学者的交流。总而言之，12 世纪文艺复兴运动的兴起，让人们摆脱了思想束缚和精神枷锁，为英国大学的发展提供了思想和精神保障。

### 五　中世纪晚期经济的反哺

中世纪晚期的英国经济开始经历从传统农业向早期手工业和商业转型的过程。从 11 世纪开始，英国的人口不断增长，从 11 世纪到 14 世纪初期，英国的人口从大约 200 万人增至约 350 万人；农业劳动生产率呈明显的上升趋势，从 13 世纪到 16 世纪时几乎翻了一倍，地租在土地产值中所占比例减小，农民可自由支配的产品增多，大部分送进市场，满足日益增长的消费需求。这一变化被西方经济学家称为现代意义的农业经济增长，为大学所在城市的生活提供了农产品的物质保障。②

随着农业生产的规模增长，英国的商业流通和海外贸易成为中世纪晚期重要的经济收入来源。从 13 世纪 50 年代开始，个人财富不断积累，货币地租随之流行，农民也普遍进入市场，促进了商品交换的发展，自此商业成为农民生活中不可分割的组成部分。由于农民个人财产和财富的有效积累和普遍进入流通领域，也由于主要从事商品生产的农场的出现，中世纪晚期英国的地方市场兴起。到 15 世纪末，英国地区有 780 多个市场，牛津和剑桥周围就有很多活跃的市场，吸引了很多人不断

---

① Crosby, Alfred W., *The Measure of Reality：Quantification and Western Society*, 1250 – 1600, Cambridge, MA：Cambridge University Press, 1997, p. 125.

② 侯建新：《社会转型时期的西欧与中国》，高等教育出版社 2005 年版，第 7 页。

迁徙、定居到附近，带动了对内和对外的贸易往来，使得牛津和剑桥坐拥适宜大学发展的天然条件。正如屈勒昧林所述的那样："英国西南两部的全境俱和牛津有便易的交通，堪供学生住居的房屋亦不少，又有可供学生坐谈，饮酒，欢唱，及互哄的酒肆，大学可以借来举行仪式的教堂，及教师可以举行讲演的房室……剑桥本为各水道及罗马大道掘遇之点，而为东北两部的孔道。"① 特别是剑桥，不仅自身有水路运输发达的剑河，是天然的港口和商品集散地，西北方向还有新市场和伊利主教区，是集经济、宗教和教育于一体的中心。因此贸易往来不仅为英国大学带来了物质生活水平的提高，更为大学的规模化发展提供了可能。

另外，不论是农业经济的振兴，还是以羊毛制品为主的手工业的开展，抑或是商业贸易的往来，都使得英格兰地区的税收成为保障，而税收是皇室、贵族和教会的收入来源，为中世纪晚期英国大学的自治发展提供了经费保障。虽然对于税收的多寡一直存在争议，英格兰的税收问题也一直是国王和议会之间的主要矛盾冲突源，但总的来讲农业税收随着货币地租的推行逐渐趋于稳定，商业税收在行会兴起后也得到了保障，而且英格兰地区不像西欧大陆上其他国家或地区经常发生纷争，导致土地易主，所以客观上使税收稳定增长，特别是地方性税收使得皇室、贵族和教会有能力资助大学的兴建。中世纪晚期一些地方贵族广泛积累财富，而且大力赞助英国大学的学院发展，以个人或集体的名义捐款、捐资，为学者提供助学金，为学院盖校舍、图书馆等固定设施，提供了大学规模发展所必需的物质和经费保障。

---

① ［英］屈勒昧林：《英国史》，钱端升译，中国社会科学出版社 2008 年版，第 210 页。

# 第二节　英国中世纪大学的特点

## 一　自治性

相对于现代大学而言，英国中世纪大学具有很多独特性，其中最为重要的一点便是自治性。一旦一所大学拥有了自治权，则意味着这所大学本身不再轻易受外界干扰，能够实行自我管理，按自己的意愿制定大学的章程，独立地与外界沟通，处理各种关系问题。英国中世纪大学通过与教会和王权的长期斗争，最终获得了自治权，形成了以教师为主体的自治模式。牛津大学于 1209 年爆发市民与学生的冲突，1214 年终于取得独立的第一步；剑桥大学自 13 世纪初开始到 14 世纪，先后多次与市民发生各种冲突。雅克·勒戈夫说："首先靠它们的团结和坚定；同时它们威胁要采用并真的采用了罢课和分离出去的危险武器……世俗势力和教会势力从大学成员的存在中得到许多好处，他们是一批不容忽视的经济上的主顾，并为培训顾问与官员们提供无与伦比的教育场所，还是造成赫赫声望的基础，因此罢课和分离出去的强硬方法不会不奏效。"①

中世纪晚期，英国王权对大学的控制超越了教会，牛津大学和剑桥大学又陷入了与代表王权的地方当局势力之间的斗争与冲突之中。雅克·韦尔热评论说："15 世纪末，欧洲大学与 13 世纪的大学已有较大差异。从经常因暴力冲突而分裂，但富于活力和独特生活的独立行会、研究和教学的发源地，退居为

① ［法］雅克·勒戈夫：《中世纪的知识分子》，张弘译，商务印书馆 1996 年版，第 66 页。

服务于国家的职业培训中心，并由国家严密控制。"① 中世纪晚期的英国牛津大学和剑桥大学，在与王权之间的斗争中也渐渐丧失了自身的特权。

## 二 国际性与地域性

毫无疑问，但凡是西欧中世纪大学就具有很强的国际性，英国的牛津大学和剑桥大学也不例外。在组成大学的学者群中，有不少来自欧洲各地的人，他们带来了新的思想和著作，促进了两校之间的发展。很多曾在牛津大学和剑桥大学执教和攻读学位的知名学者都来自西欧其他国家的各个地区，包括：苏格兰人、爱尔兰人、法国人、德国人、荷兰人、意大利人、葡萄牙人和西班牙人等，牛津大学的一些教师和教职员工也曾由外国人担任。通过外国学者的加入，牛津大学的国际影响力逐渐加大。在大学发展的早期阶段，牛津就已经在欧洲享有很高的国际声誉。

虽然英国中世纪大学具有国际性特征，但持续时间并不长。在牛津初建之时，学校的国际影响主要依赖具有国际教团教士身份的学者的传播。从 13 世纪初，西欧大学开始获得教皇特许状，只要是大学毕业生就无一例外地具有"在任何地方教学的权利"，学者的国际流动性达到高峰。到了 14 世纪，随着西欧各国之间和宗教矛盾的积累，西欧中世纪大学的地域性凸显，加剧了牛津大学和剑桥大学的英国本土化。14 世纪到 15 世纪，英格兰中世纪大学采取了很多措施阻止学者的流动，当时牛津和剑桥的学生则主要来源于英伦三岛。当然这两所有着迁移起源说的学校从一开始就与国家、地区或市政有着无法摆脱的密

① [法] 雅克·韦尔热：《中世纪大学》，王晓辉译，上海人民出版社 2007 年版，第135页。

切关系。至此，英国中世纪大学已变作国家政治机构的不可缺少的部分。

### 三　保守性与进步性

从现在的角度来看，英国中世纪大学有非常鲜明的保守性。在管理上，无论是校级还是院级，都强调传统的基督教会道德观念和社会公认的秩序意识，重规则，轻人文，不能容忍教师和学生的轻浮行为。尽管在现在看来，很多章程中的法令都是那么不近人情，但出于当时保守的管理原则，稍微越界的行为都会给被管理者带来严重的后果。在学术方面，特别是学校神学院的神学研究，一方面以基督教文化中较为传统的宗教知识体系作为教学内容，让学生集中精力在圣经和圣经解释学等方面进行阅读和阐释；另一方面以讲授为主的教学方式，让教师们在课堂教学中难免陷入照本宣科的误区，即便是在辩论环节为学生和教师提供互动的机会，但也很难跳出老套的神学问题，显露出中世纪基督教文化的保守观念。

关于中世纪大学在培养人才方面的历史贡献，科本写道："总的来说，中世纪大学培养的毕业生既能够胜任专门化的职业工作，又是社会有用的成员：他们构成了中世纪社会劳动力的精英。他们是舆论的制造者，是引导社会力量的必不可少的支柱。中世纪大学毕业生提供了受过训练的头脑，它们将影响政治观点和形成教会的政策。在对中世纪社会具有根本作用的意识形态斗争领域，大学培养的有才干的人才所具有的创新才能有了施展的机会。"① 因此，英国中世纪大学在培养人才上具有

---

① A. B. Cobban, *The Medieval Universities : Their Development and Organization*, Methuen Press, 1975, p. 235.

非常鲜明的进步性。

## 四 民主性

尽管英国贵族体制的等级鲜明，但在英国中世纪大学里还是具有民主性的特征的。在大学里，所有的教师都具有平等的地位与权利，他们每一个人都能够参政议政，并且有可能评选为学校的管理人员，充分体现了英国中世纪大学民主性的一面。在学校的生源方面，也不会将普通家庭的孩子拒之门外。学生不会因为家庭背景、社会地位的不同而受到不平等待遇，所有的学生均一视同仁。这使得英国中世纪大学的学生们充分享受到了民主的待遇。这一点在中世纪的英国其他社会机构都是不可能存在的，因此，更加显得宝贵。

总的来讲，英国中世纪大学的教师和学生都来自社会各个阶层，既有富家学生和贵族学生，也有中产阶级家庭的学生，包括下层贵族、城市居民、富裕农民，还有贫穷的学生。基于学者社会阶层多样化的基础上，英国中世纪大学较好地践行了"有教无类"的教育理想，学生入学没有教籍、社会地位、智力和语言的限制。对贫困学生，中世纪大学也采取了一些优惠的措施，如免除或部分免除学费、开设特别讲座、教皇亲自为贫困生颁发博士学位等。牛津大学新学院的建立就是源于对贫困学生的接济。在剑桥大学中，由于贫困生多集中于文学院，文学院通常在注册、听课和正式的答辩费用上，在大学服装、必须住校等方面的规定中制定一些有利于贫困学生的制度，如为贫困生提供收费低廉的学生宿舍等，体现了民主的办学理念。

# 结　　语


　　产生于中世纪的英国牛津大学和剑桥大学有着悠久的历史，是英国乃至世界最著名的大学，也是世界一流大学的典范。虽然这两所大学在有些地方较为相似，但都有自己独特的历史渊源与发展历程，共同谱写了英国中世纪大学的辉煌乐章。

　　选择英国中世纪大学作为研究对象，既有充分的理由，又有非凡的意义。首先，英国中世纪大学是欧洲中世纪最先诞生的一批大学，对西方历史上形成"大学"的概念方面起了很大作用。英国中世纪大学迄今仍能保持其经久不衰的声誉和吸引力的原因之一，就在于其鲜明的特色和悠久的历史。再次，英国中世纪大学从产生至今已有800多年的发展史，实际上就是一部英国高等教育发展历史的缩写。通过对英国中世纪大学早期发展阶段进行研究，我们可以丰富欧洲中世纪大学史领域的研究，从微观上认识世界一流大学发展成功的经验，从而窥一斑而知全貌，达到从宏观上把握世界一流大学建设和发展的某些规律。最后，追溯英国中世纪大学的发展轨迹，确实可以找到许多值得我国大学进行反思和借鉴的东西。全面而宏观地去探索和研究英国中世纪大学的早期发展历程以及传统和特色，无论是在理论上还是在实践上，都是十分必要的。

英国中世纪大学从早期的诞生到后来的变革，经历了漫长的发展历程，所涉及的方方面面极为广泛和复杂。为此，本书以文献、历史分析和比较的研究方法，选取英国中世纪大学最典型和最有特色的方面作为切入点，研究内容涉及英国中世纪大学的早期发展历程、起源学说、组织管理、教学活动、学者生活以及历史成因等多方面问题，选取典型史料进行重点分析和深入研究，以求达到以点带面、纲举目张的研究目标。

总而言之，站在现实的高度，透过历史的视角，以英国中世纪大学的早期发展为研究脉络，对两校的历史、沿革及特征进行系统的研究，是本书的指导思想。英国中世纪大学举世瞩目的发展历史和学术成就，不仅是牛津大学、剑桥大学及英国大学的宝贵财富，更是世界所有国家大学借鉴的典范。潜心研究英国中世纪大学的发展史，虚心借鉴其成功经验，相信我国大学也能创造更多的辉煌。

# 附　录

## 一　中世纪牛津大学大事记

727 年　圣弗里茨维德修道院建成。

912 年　有关牛津城的最早文字记录。

919 年　牛津城作为一座建有坚固城墙的城堡为世人所知。

1005 年　为恩舍姆修道院（Eynsham Abbey）修建圣埃伯教堂（St. Ebbe's Church）。

1035 年　阿宾登修道院（Abingdon Abbey）在卡法克斯修建圣马丁教堂（St. Martin Church）。

1050 年　在诺斯盖特（Northgate）修建圣米迦勒教堂（St. Michael Church）撒克逊塔（Saxon Tower）。

1071 年　对牛津城西区进行改造，建成一座拥有坚固城墙并被丛林环绕的城堡。

1122 年　第一次有牛津市市长的记载。

1123 年　圣贾尔斯教堂（St. Giles Church）开始修建。

1129 年　奥森尼修道院（Oseney Abbey）建成。

1142 年　奥布里·德·维尔三世（Aubrey de Vere）设立以牛津命名的伯爵头衔。

1187 年　牛津大学开始筹建若干学科部。

1199 年　牛津城最早的特许证。

1209 年　第一次有记载的市民与学生的冲突：许多学者逃离牛津城，据说一些人躲到剑桥并在那里建立了一所新的大学。

1214 年　牛津大学获得最早特许状，即教皇训令。该训令责令牛津城每年为 1209 年的骚乱向大学支付 52 先令的赎罪金。

1221 年　多明我会修士来到牛津城。黑衣修士学堂建立。

1224 年　第一次有记载的牛津大学校长，罗伯特·格罗斯泰斯特担任校长。方济各会修士来到牛津城。

1231 年　牛津大学要求每个学生将自己的名字填写在教师的花名册上。

1244 年　牛津大学校长获得处理所有学生涉及债务案件的权力。

1248 年　在市民与学生发生后续冲突后，牛津市市长被责令每年率行政官员发誓，维护大学的特权。出现牛津大学学监的最早记载。

1249 年　牛津大学获得了监督食品和酒销售的权力。大学学院建立。

1258 年　英国议会在牛津城开会。

1263 年　巴利奥尔学院建立。

1264 年　《牛津条例》颁布。默顿学院建立。

1277 年　位于南部郡的本笃会决定在牛津开设一间学堂：1283 年，建立了一座属于格洛斯特修道院（Gloucester Abbey）的小修道院。

1278 年　圣埃德蒙学堂建立。

1280 年　鲁雷修道院建成。

1291 年　为北部郡的本笃会修士建立了达勒姆学院。

1314 年　埃克塞特学院建立。

1326 年　奥里尔学院建立。

1334 年　牛津大学的教师和学生决定放弃牛津城而选择到斯坦福德（Stanford）开办大学，但国王指示他们返回牛津城。

1341 年　女王学院建立。

1355 年　修士节（St. Scholastica）的骚乱使得牛津城更加屈从于大学，牛津大学任命市场巡查员（Clerk of Market）并控制了度量衡。

1362 年　为坎特伯雷的基督教堂修士建立了坎特伯雷学院（Canterbury College）。

1379 年　新学院建立。

1427 年　出现第一次有记载的牛津大学司库。林肯学院建立。

1435 年　为奥古斯丁教派建立圣玛丽学院。

1437 年　为西多会（Cistercian Order）见习修道士建立圣伯纳德学院。

1438 年　众灵学院建立。

1448 年　牛津大学成员注册簿制度开始实施。

## 二　中世纪剑桥大学大事记

1209 年　由一批为躲避殴斗而从牛津大学逃离出来的学者来到剑桥。

1284 年　创建第一所学院——彼得豪斯学院。

1317 年　创建国王大厅学院，1337 年重建，1546 年并入三一学院。

1321 年　创建大学大厅学堂，收编了大约 1200 年以来的学馆，1326 年重建为克莱尔学院。

1324 年　创建迈克尔豪斯学院（Michael House College），1546 年并入三一学院。

1326 年　创建克莱尔大厅学院，后改称克莱尔学院。

1347 年　创办彭布罗克大厅学院，后改称彭布罗克学院。

1348 年　创建冈韦尔大厅学堂，1351 年重建为大厅学堂，1393 年收并菲斯威克学馆，又于 1557 年重建为冈韦尔和盖马丝学院。

1350 年　创建诺里奇圣三一学者学院，后改称为三一大厅学院。

1352 年　创建圣体学院（Corpus Christi College），长久以来均称为圣班内特学院（St. Benet College）或班内特学院（Benet College）。

1381 年　剑桥镇农民暴动，并大量焚毁剑桥大学文件。

1428 年　创办僧侣寄宿学校，改称为白金汉学院（Buckingham College），1542 年重建为麦格达伦学院（Magdalene College）。

1437 年　创办圣主书院（Godhouse），1505 年改称为基督学院。

1441 年　创建圣玛利亚与圣尼古拉斯皇家学院（The Royal College of St. Mary and St. Nicholas），后改称为国王学院。

1446 年　创建圣玛格丽特与圣伯纳德女王学院（The Queens' College of St. Margaret and St. Bernard），后改称为皇后学院，并于 1465 年重建。

# 参考文献

## 一 中文文献

### （一）专著

陈曦文：《基督教与中世纪西欧社会》，人民出版社 1995 年版。

陈新：《西方历史叙述学》，社会科学文献出版社 2005 年版。

顾明远主编：《世界教育大系》（英国教育卷），吉林教育出版社 2000 年版。

贺国庆主编：《欧洲中世纪大学》，人民教育出版社 2009 年版。

侯建新主编：《经济—社会史评论》第 1 辑，生活·读书·新知三联书店 2005 年版。

侯建新主编：《经济—社会史：历史研究的新方向》，商务印书馆 2002 年版。

侯建新：《社会转型时期的西欧与中国》，高等教育出版社 2005 年版。

金志霖：《英国行会史》，上海社会科学院出版社 1996 年版。

梁丽娟编著：《剑桥大学》，湖南教育出版社 1990 年版。

刘宝存：《大学理念的传统与变革》，教育科学出版社 2004 年版。

刘景华：《西欧中世纪城市新论》，湖南人民出版社 2000 年版。

刘亮：《剑桥大学史》，上海交通大学出版社 2012 年版。

龙秀清：《西欧社会转型种的教廷财政》，济南出版社 2001
　　年版。

裴克安编著：《牛津大学》，湖南教育出版社 1986 年版。

宋文红：《欧洲中世纪大学的严谨》，商务印书馆 2010 年版。

滕大春：《外国教育通史》，山东教育出版社 2003 年版。

王亚平：《权力之争：中世纪西欧的君权与教权》，东方出版社
　　1995 年版。

王亚平：《神秘与理性的交融：基督教神秘主义探源》，杭州大
　　学出版社 1998 年版。

王亚平：《修道院的变迁》，东方出版社 1998 年版。

吴元训选编：《中世纪教育文选》，人民教育出版社 2005 年版。

吴式颖、任钟印：《外国教育思想通史》，湖南教育出版社 2003
　　年版。

徐浩、侯建新：《当代西方史学流派》，中国人民大学出版社
　　1996 年版。

徐强：《英国城市研究》，上海交通大学出版社 1995 年版。

易红郡：《英国教育的文化阐释》，华东师范大学出版社 2009
　　年版。

张斌贤、王保星：《外国教育思想史》，高等教育出版社 2007
　　年版。

张磊：《欧洲中世纪大学》，商务印书馆 2010 年版。

周常明：《牛津大学史》，上海交通大学出版社 2012 年版。

　　（二）译著

［英］奥尔德里奇：《简明英国教育史》，诸惠芳、李洪绪、尹
　　斌茁译，人民教育出版社 1987 年版。

［英］阿诺德·汤因比：《一个历史学家的宗教观》，晏可佳、

张龙华译，四川人民出版社 1990 年版。

[俄] A. 古列维奇：《中世纪文化范畴》，庞玉洁、李学智译，浙江人民出版社 1992 年版。

[美] 安德鲁·迪克森·怀特：《基督教世界科学与神学论战史》，鲁旭东译，广西师范大学出版社 2006 年版。

[美] 艾伦·G. 狄博斯：《文艺复兴时期的人与自然》，周雁翎译，复旦大学出版社 2000 年版。

[法] 爱弥尔·涂尔干：《教育思想的演进》，李康译，上海人民出版社 2003 年版。

[英] 比德：《英吉利教会史》，陈维振等译，商务印书馆 1991 年版。

[美] 查尔斯·霍默·哈斯金斯：《十二世纪文艺复兴》，夏继果译，上海人民出版社 2005 年版。

[美] 查尔斯·霍默·哈斯金斯：《大学的兴起》，梅义征译，上海三联书店 2007 年版。

[美] C. 沃伦·霍莱斯特：《欧洲中世纪简史》，陶松寿译，商务印书馆 1988 年版。

[美] E. P. 克伯雷选编：《外国教育史料》，华中师大教育系等译，华中师大出版社 1990 年版。

[英] 弗兰克·富里迪：《知识分子都到哪里去了》，戴从容译，江苏人民出版社 2005 年版。

[美] 格莱夫斯：《中世教育史》，吴康译，华东师范大学出版社 2005 年版。

[比利时] 亨利·皮朗：《中世纪欧洲经济社会史》，乐文译，上海人民出版社 1984 年版。

[比利时] 亨利·皮雷纳：《中世纪的城市》，陈国樑译，商务

印书馆 1985 年版。

〔德〕汉斯·维尔纳·格茨：《欧洲中世纪生活》，王亚平译，东方出版社 2002 年版。

〔英〕罗素：《西方哲学史》（上册），何兆武、李约瑟译，商务印书馆 1963 年版。

〔法〕马克·布洛赫：《封建社会》（上卷），张绪山译，商务印书馆 2004 年版。

〔美〕彼得·赖尔、艾伦·威尔逊：《启蒙运动百科全书》，刘北成、王皖强编译，上海人民出版社 2004 年版。

〔英〕屈勒味林：《英国史》，钱端升译，中国社会科学出版社 2008 年版。

〔法〕热纳维埃夫·多古尔：《中世纪的生活》，冯棠译，商务印书馆 1998 年版。

〔美〕S. E. 佛罗斯特：《西方教育的历史和哲学基础》，吴元训译，华夏出版社 1987 年版。

〔比利时〕希尔德·德·里德：《欧洲大学史》第 1 卷，张斌贤等译，河北大学出版社 2007 年版。

〔比利时〕希尔德·里德·西蒙斯：《欧洲大学史：近代早期的欧洲大学（1500—1800）》，贺国庆等译，河北大学出版社 2007 年版。

〔法〕雅克·勒戈夫：《中世纪的知识分子》，张弘译，商务印书馆 1996 年版。

〔法〕雅克·韦尔热：《中世纪大学》，王晓辉译，上海人民出版社 2007 年版。

〔英〕约翰·哈德森：《英国普通法的形成——从诺曼征服到大宪章时期英国的法律与社会》，刘四新译，商务印书馆 2006

年版。

[美] 詹姆斯·W. 汤普逊:《中世纪经济社会史》（下册），耿
　　谈如译，商务印书馆 1984 年版。

（三）期刊

贺国庆:《中世纪大学向现代大学的过渡——文艺复兴与宗教改
　　革时期欧洲大学的变迁》，《教育研究》2003 年第 11 期。

贺国庆:《欧洲中世纪大学起源微探》，《河北大学学报》（哲学
　　社会科学版）2007 年第 12 期。

侯建新、龙秀清:《近二十年英国中世纪经济—社会史研究的新
　　动向》，《历史研究》2011 年第 10 期。

姜文阕:《欧洲中世纪大学的兴起及特点》，《河北大学学报》
　　1982 年第 4 期。

潘后杰、李锐:《欧洲中世纪大学兴起的原因、特点及其意义》，
　　《四川师范大学学报》（社会科学版）1993 年第 7 期。

施子愉:《略论欧洲中世纪大学兴起的社会背景》，《武汉大学人
　　文科学学报》1960 年第 6 期。

孙益:《欧洲中世纪大学的学位》，《清华大学教育研究》2003
　　年第 6 期。

孙益:《大学校长:学术领导力的中世纪起源》，《清华大学教育
　　研究》2009 年第 4 期。

宋文红:《欧洲中世纪大学的迁移及其影响》，《清华大学教育研
　　究》2005 年第 12 期。

王养冲:《论十二、十三世纪法国各地学院与巴黎大学的兴起》，
　　《华东师范大学学报》（哲学社会科学版）1981 年第 3 期。

辛彦怀:《欧洲中世纪大学对近代科学的影响》，《河北师范大学
　　学报》（教育科学版）2003 年第 2 期。

杨渭生:《宋代书院与欧洲中世纪大学之比较》,《浙江社会科学》2001 年第 3 期。

朱锡强:《中世纪欧洲的大学》,《徐州师范学院学报》1979 年第 5 期。

张斌贤、孙益:《西欧中世纪大学的特权》,《北京师范大学学报》(社会科学版)2004 年第 7 期。

张斌贤:《欧洲中世纪大学的历史地位》,《教育的传统与变革——纪念〈教育史研究〉创刊二十周年论文集(四)》,2009 年。

（四）学位论文

程德林:《西欧中世纪后期的知识传播》,博士学位论文,首都师范大学,2002 年。

程玉红:《中世纪巴黎大学的组织结构》,硕士学位论文,北京师范大学,2003 年。

黄祥春:《中世纪晚期的英格兰大学与教俗权力》,硕士学位论文,武汉大学,2001 年。

杨健:《中世纪城市复兴运动的社会意义:关于城市的历史社会学分析》,硕士学位论文,上海大学,2004 年。

冷霞:《中世纪西欧城市自治研究》,硕士学位论文,华东政法学院,2004 年。

李秉忠:《试论中世纪西欧大学的社团性质》,硕士学位论文,天津师范大学,2005 年。

任超:《西欧中世纪法律职业阶层的兴起》,硕士学位论文,华东政法学院,2003 年。

宋晓云:《欧洲中世纪大学教师与大学精神》,硕士学位论文,江西师范大学,2004 年。

宋文红：《欧洲中世纪大学：历史描述与分析》，博士学位论文，
华中科技大学，2005 年。

石广盛：《试论中世纪西欧大学的起源》，硕士学位论文，东北
师范大学，2003 年。

孙益：《西欧的知识传统与中世纪大学的起源》，博士学位论文，
北京师范大学，2007 年。

王亚平：《论西欧中世纪的主教授职权之争》，博士学位论文，
东北师范大学，1993 年。

汪林义：《中世纪文化的初步成型——基督教中的加洛林文艺复
兴》，硕士学位论文，复旦大学，2004 年。

杨俊皎：《中世纪阿拉伯百年翻译运动》，硕士学位论文，内蒙
古大学，2004 年。

庄秀文：《析修道院在中世纪西欧社会文化中的作用》，硕士学
位论文，东北师范大学，2003 年。

张建政：《牛津、剑桥大学学院制研究：1249 年—1636 年》，硕
士学位论文，河北大学，2005 年。

张育林：《欧洲中世纪大学与城市关系研究》，博士学位论文，
中国社会科学院，2006 年。

## 二　英文文献

A. S. McGrade, *The Cambridge Companion to Medieval Philosophy*,
Cambridge University Press, 2003.

A. B. Cobban, *The Medieval Universities: Their Development and Or-
ganization*, London: Methuen & Co. Ltd. , 1975.

Alan B. Cobban, *English University Life in the Middle Ages*,
London: UCL Press, 1999.

Alan B. Cobban, *The Medieval English universities*: *Oxford and Cambridge to c. 1500*, Aldershot, England: Scholar Press of Gower Publishing, 1988.

Alfonso Maieru, *University Training in Medieval Europe (Education and Society in the Middle Ages and Renaissance)* (Vol. 3), New York: Brill Academic Pub, 1993.

Arthur O. Norton, *Readings in the History of Education-Medieval Universities*, Harvard University Press, 1909.

Asa S. Knowles, *The International Encyclopedia of Higher Education*, Volume 1 – 10, Jossey-Bass Inc, Publishers, 1977.

Ben Jongbloed, Peter Maassen, Guy Neave, *Higher Education's Changing Institution*, Kluwer Academic Publishers, 1999.

Burton R. Clark & Guy Neave, *The Encyclopedia of Higher Education*, Volume 1 – 4, Pergamon Press Ltd. , 1992.

Catherine Moriarty, *The Voice of the Middle Ages*: *In Personal Letters 1100 – 1500*, London: Peter Bedrick Books, 1990.

Charles Homer Haskins, *Studies in Medieval Culture*, London: Oxford University Press, 1929.

Charles Homer Haskins, *The Renaissance of the Twelfth Century*, Cambridge: Harvard University Press, 1928.

Charles Homer Haskins, *The Rise of Universities*, Boston: Henry Holt, 1923, reprinted Ithaca: CorneII University Press, 1957.

D. S. Whittlesey, *Life in the Medieval University of Paris Master's Dissertation*, University of Chicago, 1915.

Damain Riehl, *A History of the University of Cambridge* (Volume 1) *The University to 1546*, Cambridge Press, 1988.

Elisabeth Leedham-Green, *A Concise of the University of Cambridge*, Cambridge University Press, 1996.

Felix Markham, *View of Oxford*, Weidenfeld and Nicolson, 1968.

Gordon Leff, *Paris and Oxford University in the 13th and 14th Centuries*, NewYork: John Wiley & Sons, 1968.

H. Wieruszowski, *The Medieval University*, Princeton: Van Nostrand, 1966.

Hastings Rashdall, *The Universities of Europe in the Middle Ages* (3 vols), London: Oxford University Press, 1958.

Hilde De Ridder-Symoens, *A History of the University in Europe* (Volume 1) *University in The Middle Ages*, Cambridge University Press, 1992.

Hildebrandt M. M. , *The External School in Carolingian Society*, Leiden: E. J. Brill, 1992.

J. W. Baldwin & R. A. Goldwaite, *Universities in Politics: Case Studies in the Late Middle Ages and Early Modern Period*, Baltimore London, 1972.

J. I. Catto, *The History of the University of Oxford* (Volume 1) *The Early Oxford Schools*, Claredon Press, Oxford, 1984.

James Bowen, *A History of Westem Education*, New York: St. Martin's Press, 1972.

James M. Kittelson & Pamela J. , *Transue, Rebirth, Reform, and Resilience: Universities in Transition, 1300 – 1700*, Ohio State University Press, 1984.

John C. , Scott, *The Influence of the Medieval University on the Latin Church and Secular Government Politics*, Mellen Research University Press, 1992.

John Sealey, *Religious Education: Philosophical Perspectives*, George Allen & Unwin (Publishers) Ltd, 1985.

John Steane, *The Archaeology of the Medieval English Monarchy*, Routledge Press, 1999.

John van Engen, *Learning Institutionalized: Teaching in the Medieval University (Notre Dame Conferences in Medieval Studies)*, University of Notre Dame Press, 2000.

Joseph Ben-David, *Centers of Learning: Britain, France, Germany, United States*, New York: Mcgraw-Hill Book Company, 1997.

Joseph H. Lynch, *The Medieval Church: A Brief History*, London and New York: Longman, 1992.

Jozef Ijsewijn & Jacques Paquet, *The Universities in the Later Middle Ages*, Louvain: Louvain University Press, 1978.

Keith Allan. Noble, *Changing Doctoral Degrees: The Society for Research into Higher Education*, Open University Press, 1994.

Kempshall, Mattthew S. , "Universal or Particular? ", *Oxford Review of Education*, Writing University History, Vol. 23, No. 2, Jun. 1997.

L. Grane, *University and Reformation: Lectures from the University of Copenhagen Symposium*, Leiden: Brill, 1981.

Lesley Smith & Benedicta Ward edited, *Intellectual Life in the Middle Ages (Essays presented to Margaret Gibson)*, London: the Hambledon Press, 1992.

Li Bennich-Bjorkman, *The Inner Life of University Departments*, International Association of Universities and Elsevier Science Ltd, 1997.

Lowire J. Daly, *The Medieval University (1200 - 1400)*, New York:

Sheed & Ward, 1961.

Lynn Thorndike, *University Records and Life in the Middle Ages*, New York: Columbia University Press, 1944.

M. J. Wilks, *The Problem of Sovereignty in the Later Middle Ages* (1edition), Cambridge: Cambridge University Press, 2008.

M. M. Hildebrandt, *The External School in Carolingian Society*, Leiden: Brill, 1992.

Marthellen R., van Scoyoc, "Origin and Development of the University", *Peabody Journal of Education*, Vol. 39, No. 6, 1994.

Mary Martin McLaughlin, *Intellectual Freedom and Its Limitations in the University of Paris in theThirteenth and Fourteenth Centuries*, New York, 1977.

Nathan Schachner, *The Medieval University*, New York: Stokes, 1938.

Nicholas Orme, *Medieval Schools-from Roman Britain to Renaissance England*, Yale University Press, 2006.

Olaf Pedersen, *The First Universities: Studium generale and the origins of University Education in Europe*, London: Cambridge University Press, 1998.

Orme Nicholas, *Education and Society in Medieval and Renaissance England*, London: Hembledon Press, 1989.

Paul Shore, *The Myth of the University: Ideal and Reality in Higher Education*, University Press of America, Ine, 1992.

Pearl Kibre, *Scholarly Privileges in the Middle Ages*, Oxford: Clarendon Press, 1984.

Pearl Kibre, *The Nations in the Medieval University*, Cambridge, Mass: Mediaeval Academy of America, 1984.

Robert S. Rait, *Life in the Medieval University*, Cambridge: Cambridge University Press, 1931.

S. R. Vashist & Ravi P. Sharma, *History of Medieval Education*, Radha Publications, 1997.

S. S. Laurie, *The Rise and Early Constitution of University*, D. Appleton & Company, 1912.

Smalley, Beryl, *The Study of the Bible in the Middle Ages*, Oxford University Press, 1941.

Southem, R. W. , *The Making of the Middle Ages*, New Haven: Yale University Press, 1953.

Stephen C. Frruolo, *The Origins of the University: The Schools of Paris and Their Critics*, 1100 – 1215, Stanford University Press, 1985.

Thomas Bender, *The University and the City: from the Medieval Origins to the Present*, NewYork: Oxford University Press, 1991.

W. W. Bukland & Arnold D. Mcnair, *Roman Law and Common Law* (2th edition), Cambridge: Cambridge University Press, 2008.

Walter J. Ong, "Education and the Tradition of Learning", *The Journal of Higher Education*, Vol. 29, No. 2, 2002.

William J. Courtenay, Jtlrgen Miethke & David B. Priest, *Universities and Schooling in Medieval Society* (Education and Society in the Middle Ages and Renaissance), Boston: Brill, 2000.

William J. Courtenay, *Schools & scholars in 14th century England*, New Jersey: Princeton University Press, 1987.

Willies Rudy, *The Universities of Europe*, *1100 – 1914*, Associated University Press, 1973.

### 三　史料

Derek Baker, *England in the Later Middle Ages*, Academia Press, 1993.

Donna R. Barnes, *For Court Manor and Church-Education in Medieval Europe*, Burgess Publishing Company, 1971.

Jan Morris, *The Oxford Book of Oxford*, Oxford University Press, 1978.

### 四　工具书

顾明远:《教育大辞典》(增订合编本),上海教育出版社 1998 年版。

吴金瑞:《拉丁汉文辞典》,光启出版社 1980 年版。

A. S. Hornby, *Oxford Advanced Learner's English-Chinese Dictionary*, Oxford University Press, 1984.

# 后　　记

又是一个春天！

匆忙之间，寒暑数易。回首走过的岁月，心中倍感充实。从博士学习阶段选题开始至书稿的完成已有六年的时间，有过辛苦的学习，有过成功的喜悦，亦有过失败的沮丧，有太多的人和事值得记忆。而在这六年学习、工作、生活中，更是要感谢诸多良师益友的深切鼓励与关怀，正是因为在他们的诚挚帮助下，我才得以不断获得进步，坚持并顺利走下这人生中最重要的一段旅程。

感谢我的导师李素敏教授，多年来对我毫无保留地倾囊相授，本书从选题、写作、修改到最后定稿，每一个环节都得到了导师的精心指导和点拨，凝结了导师的心血和智慧结晶。在学术上，导师国际化的视野、前沿而精髓的学术造诣、泰而不骄矜而不争的为人风范、居之不倦行之以忠的敬业精神和博学笃志切问近思的治学态度都给学生留下了深刻印象，使学生受益终身。师者，传道授业解惑也，导师的言传身教已经并将继续对学生今后的专业发展起极为重要的作用。我将遵循导师的教诲，学无止境，勇攀高峰，努力为自己深爱的教育事业做出贡献。在思想和生活上，导师的先生吴国来教授也给予我慈父般的关心、鼓励和帮助。在论文完成之际，谨向吴老师致以最衷心的感谢和诚挚的祝福！

感谢天津师范大学教育科学学院的和学新教授、郭志明教授、王慧教授、高向斌教授、王志军教授在开题过程中给我提出的宝贵意见和建议，开阔了我的写作视野，也使我对问题的思考更加清晰。

感谢天津师范大学历史文化学院的侯建新教授，他以大家的气度、深邃的思维、广阔的视野造就了我，能纵享历史文化学院的史学专业教育是我最大的荣幸。感谢孙立田教授、刘景华教授、王亚平教授、副院长徐悦、副书记杨庆及资料室的老师们在学习和生活上给予的耐心指导、支持和帮助，这种关怀让我十分感动。

感谢北京师范大学的张斌贤教授和孙益老师在我着手撰写论文之前给予的精彩点拨和宝贵资料，以及热情帮助和有益探讨。南开大学闫广芬教授、天津大学肖凤翔教授、天津教育科学院张武升教授都在百忙之中审阅我的论文，为我完善拙作提出了宝贵的建议，在此一并致谢。

感谢伴随我共同成长的各位学友，是他们的深厚友谊为我营造了舒心的学习与生活氛围。我们互相支持与帮助，共同学习与进步，度过的美好时光将终身难忘。

感谢我的亲人，他们是我坚强的后盾。尽管父母年事已高，但他们始终默默地支持我的学业，给予了我太多无私的爱。

感谢所有关注、关心、帮助过我的恩师和朋友们，衷心地祝福大家科研有果，事业有成！

本书能够得以顺利出版，还要感谢中国社会科学出版社领导的关心，以及编辑为本书的出版而付出的辛勤劳动。感谢天津师范大学傅泰鹏博士为本书的插图进行历史校对。在整个研究过程中，本书汲取了一些学者的研究成果，除在书中标明出处外，在此一并表示谢意。书中如有不妥之处，恳请专家和读者批评指正！

**王子悦**

2017 年 3 月于天津